Savoir écrire
toutes les lettres

Edition réalisée spécialement par SOGEMO
pour la Collection « Guides pratiques TOTAL »

Création couverture : Amazonie
Photo : VLOO
© Ceredit
ISBN : 2.87787.015.4

Michel Guibert

SAVOIR ECRIRE TOUTES LES LETTRES

SOGEMO

Autrefois, quand le téléphone n'existait pas et qu'il y avait des domestiques pour porter les messages, les gens, pour peu qu'ils aient quelque activité mondaine, sentimentale ou professionnelle, écrivaient des dizaines de lettres par jour On écrivait à ses fournisseurs pour leur demander de réserver tel ou tel article, aux artisans pour leur réclamer un devis ou contester une facture, à ses amis pour les prier à dîner, les féliciter d'un heureux événement ou leur présenter ses condoléances, et si l'on était amoureux, on adressait plusieurs billets par jour à l'aimé(e).

Aujourd'hui, on a trouvé dans le téléphone un moyen pratique et rapide d'entrer en relation avec ses semblables et il n'est pas besoin de citer tous les avantages qu'il représente sur la lettre. Si l'on a besoin d'une réponse rapide, le téléphone fait gagner vingt-quatre ou quarante-huit heures. Dans le cas où il s'agit d'une négociation, il peut faire gagner des semaines.

Cependant, dans bien des cas, rien ne saurait remplacer l'écriture : en affaires, un accord obtenu téléphoniquement est généralement suivi d'une lettre « pour confirmation » qui laisse une trace et constitue la preuve de ce qui a été convenu oralement. Dans les circonstances (deuils, fêtes diverses) où le destinataire doit recevoir quantité de messages, un afflux de coups de téléphone serait inopportun alors que la lettre ou la carte, dont on prend connaissance à l'instant choisi dérange infiniment moins. Pour les personnes seules, pour les amoureux, la lettre lue et

relue constitue un plaisir sans cesse renouvelé alors que le plaisir d'une conversation téléphonique cesse pratiquement, une fois le combiné raccroché.

Enfin, pour certains sujets délicats, la lettre est bien préférable au téléphone. Elle permet de choisir à loisir le mot juste et de retenir sous sa plume l'expression malheureuse qui blesserait l'autre ou le dresserait contre vous.

Inversement, alors qu'au téléphone, comme dans une conversation ordinaire, on peut toujours, à la suite d'une parole qu'on aurait préféré ne pas dire, *rectifier le tir* en tenant compte de la réaction de son interlocuteur, la phrase écrite, elle, est définitive et doit être pesée avec d'autant plus de soin. « Les paroles volent, les écrits restent »...

Aussi est-il coutume, dans la correspondance écrite, de respecter un certain nombre d'usages qu'il vaut mieux connaître si l'on désire que le message corresponde aux vœux de celui qui l'adresse. Car si ces règles que le temps a consacrées ont la vie dure, c'est qu'elles ne sont pas arbitraires : elles ne sont en général que l'expression codifiée du respect, de la délicatesse, de l'attention, de la politesse que l'on doit à tout interlocuteur suivant son âge, son sexe, son rang social.

Ces conventions étant bien assimilées, il suffira de laisser parler son cœur, son esprit, et, pourquoi pas ? sa fantaisie, mais sans jamais perdre de vue la qualité de celui à qui l'on écrit.

Savoir écrire

On emploiera un beau papier blanc ou, si l'on veut être raffiné, un papier de couleur très claire, mais les enveloppes devront toujours être assorties au papier. Si l'on veut faire imprimer ses initiales — entrelacées en monogramme ou non —, on le fera alors ton sur ton. Même conseil pour le nom et l'adresse que vous disposerez sur deux lignes dans le coin gauche de la feuille, à 2 cm du bord supérieur.

Vous choisirez le format selon votre goût personnel mais il vaut mieux ne pas trop s'éloigner du format admis pour les lettres d'affaires : $21 \times 29,7$ cm.

Quant à l'encre, les couleurs noir, bleu noir et bleu franc sont les plus classiques. Le sépia, moins lisible, peut être aussi d'un agréable effet mais on évitera à tout prix le violet (même si on a une nostalgie pour l'école de sa petite enfance), le vert, tout à fait dépourvu de distinction, et encore plus le rouge.

Si l'on a une écriture exécrable, mieux vaudra utiliser la machine à écrire, réservée en principe à la correspondance d'affaires, mais on devra s'excuser de cette liberté en en donnant la raison, et il sera plus poli d'écrire à la main la formule de politesse finale. De toute façon, on ne frappera jamais une lettre de condoléances ou de félicitations.

De même, si l'on a une signature illisible, il sera bon d'écrire au-dessous son nom en caractères d'imprimerie. Un homme signe de son nom et de son prénom. De son prénom seul dans le cas où il s'adresse à

Paris., le 1er mai 1989

Cher Papa, chère Maman,

Je crois qu'il est temps que je vous annonce ce que Françoise ne pourra bientôt plus cacher à notre entourage : si tout se passe comme nous le désirons, elle sera, au début de juin, maman d'un petit Charles.

Inutile de vous dire que je suis fou de joie à l'idée d'être papa. J'espère que vous ne nous en voudrez pas trop de vous faire passer ainsi de votre situation de parents à celle de jeune grand père et de jeune grand mère.

Françoise vous écrira demain une grande lettre avec davantage de détails mais j'ai voulu profiter tout de suite de la permission que je lui ai, enfin, arrachée pour vous annoncer cette bonne nouvelle.

Nous vous embrassons bien affectueusement

Michel

des proches. Songez à l'embarras d'un correspondant qui, connaissant dix Jean-Claude, reçoit pendant les vacances trois ou quatre cartes signées Jean-Claude et se trouve dans l'incapacité d'en identifier les auteurs... Une femme mariée signe de son prénom entier ou de son initiale et du nom de son mari (jamais *Madame* X).

Enfin, on n'abusera pas des post-scriptum. S'il n'est pas contre-indiqué d'ajouter quelques mots après la signature quand il s'agit d'une information parvenue entre la rédaction de la lettre et son envoi, ou s'il s'agit d'une information n'ayant aucun rapport avec l'objet de la lettre, il est inélégant de réparer un oubli par le moyen d'un post-scriptum (a fortiori de plusieurs !) Votre étourderie pourra être ressentie comme un manque d'égards.

Si l'on emploie un feuillet double, on se gardera, comme on le recommandait autrefois, d'écrire sur le premier feuillet pour continuer sur le troisième, poursuivre sur le deuxième et terminer sur le quatrième. Cet usage est particulièrement agaçant pour le lecteur qui a tendance aujourd'hui à lire une lettre comme il lirait un livre. Ecrivez donc sur le premier feuillet puis sur son verso, puis sur le troisième etc. tout simplement.

Le lieu d'où l'on écrit et la date (Paris, 1er mai 1989) figureront dans le coin supérieur droit à deux lignes du bord.

Réservez de belles marges (3 à 4 cm), un bon quart de la page en haut du premier feuillet et un espace correspondant à deux lignes entre l'appel et le texte proprement dit.

LES FORMULES

La plus grande difficulté dans la rédaction d'une lettre consiste à choisir les termes convenables pour appeler son correspondant (monsieur, cher monsieur, cher ami, etc.), c'est cela qu'on nomme précisément « l'appel ». De la même façon, la formule de politesse finale doit tenir compte du rang social, du sexe et de l'âge de la personne à qui l'on s'adresse ainsi que du degré de familiarité de la relation qu'on entretient avec elle, et il convient d'être très attentif aux mots qu'on emploie. Enfin le libellé de l'enveloppe varie suivant la profession du destinataire, sa dignité s'il est ecclésiastique, son grade s'il est militaire, éventuellement son titre...

Aussi envisagerons-nous un certain nombre de cas en indiquant successivement à chaque fois : le libellé de l'enveloppe, l'appel et des exemples de formules finales.

CAS GÉNÉRAUX

LETTRE A UN HOMME

1. Enveloppe
Monsieur Armand Duval
Escalier A, Bâtiment 2
17 rue de Provence
75008 PARIS
FRANCE

Monsieur sera écrit en toutes lettres, obligatoirement, et avec une majuscule.
On aura remarqué que la virgule qui sépare normalement le numéro du mot *rue* n'est plus employée sur les enveloppes.

2. Appels

Monsieur,
Cher Monsieur,
Cher Ami,
Mon cher Ami,
Cher Armand,
Mon cher Armand,

On n'écrira jamais *Cher Monsieur Duval* comme cela se fait souvent à l'étranger et dans les lettres publicitaires, et encore moins *Mon cher Monsieur* ou *Mon cher Monsieur Duval.*

3. Formules

Veuillez agréer, Monsieur, l'expression de mes sentiments distingués.

Recevez, cher Monsieur, l'assurance de mes meilleurs sentiments.

Je vous prie de croire, cher Ami, à l'expression de mes sentiments très cordiaux.

Croyez, mon cher Armand, à mes sentiments amicaux.

De toute manière, on reprendra toujours dans la formule finale les termes qu'on a utilisés dans l'appel *(Monsieur, cher Monsieur, etc.)* On évitera dans le cas où l'on dit *cher Ami* à son correspondant, de lui adresser son *amical* souvenir ou de l'assurer de ses sentiments *amicaux.*

Ces formules, bien sûr, peuvent être variées à l'infini : on pourra notamment marquer sa déférence à l'égard d'un supérieur en ayant recours aux *sentiments respectueux.*

Inversement, si le degré de familiarité l'autorise, on peut terminer une lettre en embrassant son correspondant. On pourra, aussi selon le cas, recourir à *l'expression de sa respectueuse sympathie, de sa reconnaissante sympathie* ou demander de croire à ses *sentiments bien fidèles,* etc.

On notera que l'usage voulait, il y a encore peu de temps, qu'une femme évite l'emploi du mot *sentiments* et encore plus celui des mots *respect* et *respectueux*. Les puristes pourront toujours s'y conformer en préférant aux *sentiments distingués,* des *salutations distinguées,* au *respectueux souvenir,* un *fidèle souvenir,* etc. Une femme écrira donc :

Je vous prie d'agréer, Monsieur, mes salutations distinguées.

Recevez, cher Monsieur, mes meilleures salutations.

Je vous prie de croire, cher Ami, à mon plus fidèle souvenir.

Mais il serait ridicule d'attacher trop d'importance à une règle pratiquement tombée en désuétude. Les femmes de la meilleure éducation, dans la correspondance privée, comme dans celle d'affaire adressent, aujourd'hui, leurs *sentiments* et personne ne trouve à y redire.

LETTRE A UNE FEMME

1. Enveloppe
Madame Jacquet
7 rue de l'Eglise
76120 YONVILLE
L'ABBAYE

Madame, Mademoiselle
en toutes lettres et avec une majuscule.

2. Appels
Madame,
Chère Madame,
Chère Madame et Amie,
Chère Amie,
Chère Emma,
Ma chère Emma,

A ces appels on peut ajouter *Ma petite Emma,* quand c'est une femme qui écrit.
D'une manière générale, un homme n'y aura pas recours.

3. Formules

Veuillez agréer, Madame, l'hommage de mon respect/mes respectueux hommages.

Agréez, chère Madame, l'expression de ma respectueuse considération.

Je vous prie d'accepter, chère Madame et Amie, l'assurance de mes sentiments respectueux.

Agréez chère Amie, l'expression de mes sentiments les plus cordiaux.

Croyez, chère Emma, à mon amical souvenir.

Seul un homme — bien évidemment — écrira le mot *hommage*.

On constatera que le ton utilisé avec les dames est plus déférent qu'avec des correspondants du sexe masculin.

Si c'est une femme qui s'adresse à l'une de ses semblables, elle évitera, à moins que la différence de position ne l'exige d'user des mots *respect* et *respectueux*.

LETTRE A UN COUPLE

1. Enveloppe

*Monsieur et Madame Paquin
3 Passage du Pont-Neuf
75001 Paris*

2. Appels

*Monsieur, Madame,
Cher Monsieur, chère Madame,
Chers Amis,
Cher Paul, chère Françoise,*

Jamais, surtout, *chers messieurs-dames* !
Même avec des amis très intimes, on évitera les formules *chers tous deux, chers vous deux, chers Paul* et *Françoise*.

3. Formules

Je vous prie, Monsieur, Madame, de bien vouloir agréer l'assurance de mes sentiments distingués.

Veuillez croire, cher Monsieur, chère Madame, à l'expression de mon souvenir le meilleur.

Croyez, chers Amis, à l'expression de mes sentiments bien fidèles.

Croyez, cher Paul, chère Françoise, à mon plus amical souvenir.

Encouragés par l'apostrophe des speakers *(Madame, Mademoiselle, Monsieur)* et des hommes politiques *(Françaises, Français)*, d'aucuns croient plus élégant de placer *Madame* avant *Monsieur* et, d'une manière générale, dans un appel double, le nom de la femme avant celui de l'homme. C'est là une fausse galanterie.

Pour des gens de la famille, on préférera Cher Papa, chère Maman ou *Mon cher Papa, ma chère Maman* au collectif un peu désinvolte *Chers Parents*. De même on n'écrira pas *Chers Oncle et Tante*, mais *Mon cher Oncle, ma chère Tante,* etc.

Les formules finales seront évidemment choisies en fonction de l'intimité dans laquelle on est avec eux. On terminera en *embrassant bien affectueusement, de tout son cœur* ou par un *Je vous embrasse* tout simple.

Les mots *tendre, tendresse, tendrement* seront réservés aux personnes pour lesquelles on éprouve un sentiment d'amour à la fois délicat et fort. Si votre cœur ne *fond* pas à la pensée de votre correspondant, n'usez pas à son égard de ces mots-là : ce serait les galvauder.

CAS PARTICULIER

Lorsque l'on écrit à des membres de professions libérales, militaires, ecclésiastiques, personnalités politiques, on veillera autant au libellé de l'enveloppe① qu'à l'appel② et aux formules de politesse ③ qu'un long usage ou le respect qu'on doit à son correspondant a fixés d'une façon beaucoup plus précises.

LETTRE A UN MÉDECIN

① *Le docteur Bianchon*
② *Docteur, Monsieur le Docteur, monsieur et cher Docteur,*
③ *Je vous prie de croire, Monsieur et cher Docteur, à mes sentiments distingués ou* (suivant le cas) *à mon souvenir reconnaissant.*

Toujours *Le* avant *docteur*
Bien entendu, si le médecin auquel on écrit est un intime, on en usera dans la lettre avec lui comme avec n'importe quel ami. Mais on lui donnera son titre sur l'enveloppe.

① *Monsieur le Professeur Brisset*
② *Monsieur le Professeur,*
③ *Je vous prie d'agréer, Monsieur le Professeur, l'expression de ma considération distinguée.*

① *Madame le Docteur Louise Paillet*
② *Docteur, Madame et cher Docteur*

Pour un médecin femme.

17

③ *Je vous prie d'agréer,*
Docteur, Madame et Cher
Docteur, l'expression de
ma respectueuse
considération.

① *Le Docteur et Madame*   Pour un couple ami.
Bianchon

② *Chers Amis,*

③ *Je vous prie, chers*
Amis, de croire à
l'expression de mon
souvenir le meilleur.

① *Monsieur le Docteur et*   Plus cérémonieux.
Madame Bianchon

② *Monsieur et cher*
Docteur, Chère Madame,

③ *Je vous prie, Monsieur*
et Cher Docteur, Chère
Madame, d'agréer
l'assurance de mes
sentiments les meilleurs.

LETTRE A UN AVOCAT, UN NOTAIRE

S'il s'agit d'un homme   Jamais *Maître* sur
                                l'enveloppe.
① *Monsieur Octave*
Mouret

② *Maître, Monsieur et*
cher Maître, Mon cher
Maître.

③ *Croyez à mon souvenir*
déférent et amical, à
l'expression de mes
sentiments les meilleurs.

S'il s'agit d'une femme.

① *Madame le Notaire Catherine Morvan,*
Madame Marie-José Rougon,
Avocat à la Cour

② *Maître, Madame et cher Maître,*
Cher Maître et Amie.

③ *Je voue prie, —, d'agréer, l'expression de ma considération distinguée, de croire à mon souvenir respectueux et amical.*

On n'écrira, bien sûr, jamais *notairesse* (l'épouse du notaire).

On peut aussi dire *Madame l'avocate,* mais cette formule, encore mal entrée dans les mœurs, est déconseillée.

Notons que :

— Les femmes ne disent jamais *Mon Général, Mon Commandant, Mon Colonel,* mais *Général, Commandant, Colonel.* Seuls les officiers généraux et supérieurs sont appelés par leur grade, on écrit *Monsieur* aux officiers subalternes.

— Pour les officiers de marine, qu'on soit homme ou femme, on n'écrira jamais *Mon* avant le grade.

— Pour le cas où on aurait à s'adresser à un maréchal, on écrira *Monsieur le Maréchal.*

① *Le Général Maignan,*

Un militaire d'un grade inférieur écrira sur l'enveloppe *Monsieur le Général M.*

② *Mon Général, /Général,*
③ *Veuillez agréer, mon Général, l'expression de mon très profond respect.*

Veuillez croire, Général, à ma plus déférente considération.

Si c'est une femme qui écrit.

① *Le Général et Madame Maignan,*
② *Mon Général, chère Madame/Chers amis,*
③ La formule sera choisie en conséquence, par exemple :
Je vous prie de croire, mon Général, chère Madame, à l'expression de mes sentiments les meilleurs.

Si l'on s'adresse à un officier et à sa femme, il s'agit obligatoirement d'une lettre amicale.

① *Le Colonel de Villeneuve, Commandant le 2ᵉ Régiment d'artillerie.*

Monsieur le Colonel, de la part d'un inférieur.

② *Mon Colonel,/Colonel,*

③ *Veuillez agréer, mon Colonel, l'expression de mon respect.*

Veuillez agréer, Colonel, l'assurance de ma considération.

On appellera aussi Mon Colonel un lieutenant-colonel.

① *Le Commandant Sicardot,*

② *Mon Commandant,/ Commandant,*

③ *Veuillez agréer, mon Commandant, l'expression de mon respectueux dévouement.*

Veuillez agréer, Commandant, l'assurance de ma considération.

① *Capitaine Besson,*

On n'emploie jamais *le* pour les officiers subalternes (lieutenants, sous-lieutenants, capitaines).

② *Monsieur,*

③ *Je voue prie de recevoir, Monsieur, mes respectueuses salutations. Je vous prie, Monsieur, de croire à l'assurance de mes sentiments distingués.*

Bien entendu, si on était sous les ordres de l'officier en question, on continuera à l'appeler *mon Capitaine* ou *mon Lieutenant.*

21

Pour la marine l'usage diffère légèrement. On écrira :

① *L'Amiral Veuillot,*
② *Amiral*

Pour un officier général (amiral, contre-amiral, vice-amiral).

① *Le Commandant Ferry,*
② *Commandant,*

Pour les officiers supérieurs (capitaines de corvette, de frégate, de vaisseau et assimilés).

① *Monsieur Pierre Vernes,*
Enseigne de vaisseau,
② *Monsieur,*

Pour les officiers subalternes (entre lieutenant de vaisseau et aspirants de 2e classe).

LETTRE A UN ECCLESIASTIQUE

Depuis plusieurs années, les règles concernant la correspondance avec les membres du clergé se sont considérablement simplifiées. On veillera néanmoins, dans ses formules, à témoigner son respect et on se conformera à l'usage dans les lettres aux hauts dignitaires.

① *Monsieur l'abbé Guibert,*
Curé (Vicaire, Chanoine, Aumônier) de Saint-Eutrope,
Monsieur le Curé de Saint-Eutrope.

Si l'on ignore le nom du prêtre.

② *Monsieur l'abbé,/ Père,/Mon Père*

③ *Veuillez agréer,—, l'assurance de mon respect.*
/l'expression de mes sentiments respectueux.

① *Le Révérend Père Vatier,*
Frère André...
Couvent de Saint-Silvère

Pour un supérieur où une supérieure d'ordre, on écrira *Le Très Révérend Père/Révérendissime Mère* et les sentiments seront *très respectueux.*

② *Révérend Père,/Père,/ Mon frère...*

③ *Veuillez agréer,—, l'expression de mes sentiments respectueux.*

① *Mère Blanche/Sœur Constance,*

② *Ma Mère,/Ma Sœur,*

③ *Je vous prie de bien vouloir agréer,-, l'expression de mes sentiments très respectueux.*

Si l'on est très lié personnellement avec un religieux rien n'empêche de l'appeler *Cher Père/ Très chère Mère/Ma chère Sœur, etc.*

① *A son Excellence Monseigneur Colin, Archevêque/Evêque de X.*

② *Monseigneur,*

③ *Veuillez/Daignez,—, accepter l'assurance de ma très respectueuse considération.*

On notera qu'on écrit *A Son Eminence, A son Excellence* et non *Son Eminence, Son Excellence.*

① *A Son Eminence le Cardinal Zimmermann, Archevêque de X.*

② *Monsieur le Cardinal,*

③ *Je vous prie, Monsieur le Cardinal, de bien vouloir agréer l'assurance de mon plus profond respect.*

On préfère comme appel *Monsieur le Cardinal* à *Votre Eminence* qui oblige à s'adresser à la troisième personne tout au long de la lettre.

① *A Sa Sainteté, Sa Sainteté Le Pape Jean-Paul II, Palais du Vatican, Rome*

② *Très Saint Père,*

③ *J'ai l'honneur d'être, Très Saint Père, avec le plus profond respect, votre humble serviteur.*

On marquait autrefois sa considération en libellant ainsi les enveloppes : A Monsieur, Monsieur le Comte Z. Cet usage très désuet n'est plus guère utilisé que pour le Pape et le Président de la République.

LETTRE A UNE PERSONNALITE OFFICIELLE, UN MAIRE

① *Monsieur le Maire de Verrière*
ou *Monsieur Delahaye, Maire de Verrière,*
Madame Foureau, Maire de Chavignol.

② *Monsieur le Maire/ Madame le Maire,*

③ *Veuillez agréer,-, l'assurance de mes sentiments les meilleurs/de ma considération la plus distinguée.*

Jamais *Madame la Maire* qui ferait rire tout le monde ni *la Mairesse* qui est la femme du maire.

LETTRE A UN SENATEUR, UN DEPUTE

① *Monsieur Jean Evrard Député des Deux-Sèvres,*
Monsieur le Sénateur Richaud,
Madame Mathilde Dalban, Député des Ardennes,
Madame le Sénateur Ravier.

② *Monsieur le Député, /le Sénateur*
Madame le Député, /le Sénateur,

③ *Je vous prie d'agréer, —, l'assurance de mes sentiments les plus distingués. /de ma très respectueuse considération.*

En dépit des féministes *Madame la Députée Dalban* reste aussi inélégant que *Madame l'avocate.*

25

LETTRE A UN MINISTRE

① *Monsieur (Madame) le Ministre,*
Ministère de l'Agriculture,
78, rue de Varenne,
75007 Paris.

Rappelons-nous qu'un ministre (comme un Premier ministre, un Président, un Bâtonnier), garde toute sa vie son titre : on écrira donc encore après son mandat : *Monsieur le Ministre X.*

② *Monsieur (Madame) le Ministre,*

③ *Je vous prie d'agréer, Monsieur (Madame) le Ministre, l'expression de ma haute considération.*
/l'assurance de ma très haute considération.
/l'expression de mon profond respect.

Et l'appel restera *Monsieur le Ministre.*

LETTRE A UN MEMBRE DU CORPS DIPLOMATIQUE

① *Monsieur (Madame) l'Attaché (le Conseiller) Culturel (Commercial)…*
de l'ambassade de France Caracas.

② *Monsieur l'Attaché,/le Conseiller,*

③ *Veuillez agréer, —, l'expression de ma considération très distinguée.*

① *A son Excellence
Monsieur (Madame)
l'Ambassadeur de
Finlande,
Ambassade de Finlande,
6, rue Fabert,
75007 Paris.*

② *Monsieur (Madame)
l'Ambassadeur,*

③ *Veuillez agréer,
Monsieur l'Ambassadeur,
l'assurance de ma très
haute considération.
Daignez, Madame
l'Ambassadeur, agréer le
respectueux hommage de
ma très haute
considération.*

Jamais *Madame
l'ambassadrice,* sauf si on
s'adresse à la femme de
l'ambassadeur.

LETTRE AU PRESIDENT DE LA REPUBLIQUE

① *A Monsieur, Monsieur
le Président de la
République,
Palais de l'Elysée,
55, rue du Faubourg Saint-
Honoré,
75008 Paris.*

② *Monsieur le Président
de la République,*

③ *Je vous prie, —, de
vouloir bien agréer
l'hommage de mon
profond respect.
/l'expression de mon très
profond respect.*

LETTRE A UNE PERSONNE TITREE

① *Madame la Comtesse de Sauvigny,*
Monsieur le Comte et Madame la Comtesse de Sauvigny,
Monsieur le Duc
Madame la Duchesse de Langeais,
Prince de/
Princesse de Blamont Chauvry.

Surtout pas *Monsieur le Comte de Sauvigny et Madame.*

Sans *Monsieur le* ni *Madame la.*

② *Madame,/Chère Madame,*
Monsieur, Madame,
Monsieur le Duc/
Madame la Duchesse,
Prince, Princesse

Jamais *Monsieur le Comte, Madame la Comtesse.*
Pour l'appel, on donne leur titre seulement aux ducs et aux princes.

Si votre correspondant fait preuve d'une modestie toute républicaine en n'indiquant pas son titre sur ses cartes de visites, vous pouvez libeller votre enveloppe avec la même simplicité.

AUTRES CAS

Dans les rapports avec l'administration, le corps enseignant, les responsables de société, on trouvera encore les appels suivants :
Monsieur le Commissaire de la République,
Monsieur (Madame) le Procureur, pour un procureur de la République,
Monsieur le Président, Madame la Présidente, pour le président ou la présidente d'un Tribunal d'instance ou correctionnel,

Monsieur (Madame) le Juge, pour un juge des enfants, des tutelles,

Monsieur (Madame) le Greffier,

Monsieur (Madame) le Percepteur/l'Inspecteur/le Contrôleur/le Receveur, pour les percepteurs, inspecteurs, etc. des impôts,

Monsieur le Trésorier Principal,

Monsieur le Proviseur, Madame la Directrice,

Monsieur (Madame) le Censeur,

Monsieur le Surveillant Général/Madame la Surveillante Générale,

Monsieur (Madame) l'Inspecteur pour l'inspecteur d'Académie.

Mais on appellera *Monsieur, Madame,* un professeur, un instituteur, une institutrice.

Monsieur (Madame) le Président Directeur Général,

Monsieur le Président, Madame la Présidente,

Monsieur le Directeur, Madame la Directrice,

Monsieur (Madame) le Directeur Général,

Monsieur (Madame) le Secrétaire Général,

Maître pour un Académicien (le libellé de l'enveloppe sera : *Monsieur X de l'Académie Française/ Goncourt)* et pour certains artistes, la plupart des autres préférant se faire appeler *Monsieur* comme tout un chacun.

LES CARTES DE VISITE

Il est passé le temps où l'on attachait tant d'importance au fait que la carte soit gravée — en relief — ou tout simplement imprimée. Aujourd'hui la carte gravée (plus chère) n'est plus une marque de bon goût. Loin de là. On fera plus de cas du choix des caractères et de la qualité du papier.

Adoptez un bon bristol et des caractères classiques, ni trop grands ni trop petits. Le format — jamais inférieur à 89 × 140 mm, le plus réduit qu'acceptent les P et T — sera choisi en fonction de l'usage auquel vous voulez réserver ces cartes : si vous comptez les utiliser fréquemment pour des correspondances brèves de quelques lignes, vous prendrez des cartes légèrement plus grandes (par exemple 95 × 140 mm).

De toute façon, vous devrez utiliser des enveloppes de la taille exacte de vos cartes.

Quant à la disposition du texte sur la carte elle est affaire de goût et de commodité. Les bons imprimeurs sauront vous conseiller.

Vous choisirez également les caractères parmi ceux que vous proposera votre imprimeur. Là encore, pas de règles précises. Mieux vaut néanmoins opter pour la sobriété.

Il existe des cartes de visites de couleur, d'autres décorées de vignettes ou de filets, d'autres encore, confectionnées dans des matières insolites — notamment des plaques ultraminces de bois exotique. D'une manière générale, évitez toutes ces fantaisies, qui sont rarement de bon goût.

La carte à usage privé d'un homme comprendra en général, le prénom et le nom (jamais précédés de *Monsieur*) l adresse et le numéro de téléphone. On n'y fera jamais figurer les décorations.

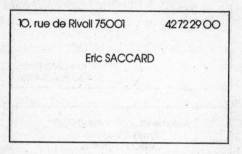

La carte à usage professionnel comportera en outre le titre principal (Directeur des ventes, Secrétaire Général, Attaché de Presse...) et, bien sûr, l'adresse et le téléphone de la société. On peut y faire figurer ses décorations — immédiatement après le patronyme — mais cette habitude immodeste n'est pas du meilleur ton.

Un ménage fera imprimer *M. et Mme* (en abrégé) suivi du prénom et du nom du mari, ou, tout simplement le prénom de chacun, suivi du patronyme.

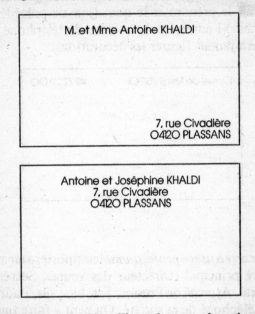

M. et Mme Antoine KHALDI

7, rue Civadière
04120 PLASSANS

Antoine et Joséphine KHALDI
7, rue Civadière
04120 PLASSANS

Une femme mariée utilisera la carte du ménage en rayant le *M.* qui représente son mari. Si elle travaille, elle aura des cartes personnelles portant l'adresse et le numéro de téléphone du lieu de travail, et libellées de la façon suivante :

Madame A. KHALDI

ou

Joséphine Antoine KHALDI

Si elle s'est acquis jeune fille, une certaine notoriété dans sa vie professionnelle, elle pourra ajouter son nom à celui de son mari.

Joséphine KHALDI-GAVAUDAN

Elle peut faire suivre son nom de la mention de son activité.

Joséphine KHALDI-GAVAUDAN
Journaliste

Une veuve ne fera jamais mention de son veuvage : elle fera simplement imprimer :

Madame A. KHALDI

ou

Joséphine Antoine KHALDI

Une divorcée conserve la mention *Madame* devant son nom de jeune fille.

Madame Joséphine GAVAUDAN

ou tout simplement, comme avant son mariage.

Joséphine GAVAUDAN

Une célibataire, en principe, n'a ni son adresse, ni son numéro de téléphone sur ses cartes (elle rajoute ces mentions à la main quand elle le juge utile). Mais personne aujourd'hui, ne saurait se choquer du contraire.

QUAND UTILISER LA CARTE DE VISITE ?

— Pour confirmer une invitation lancée par téléphone à des intimes :

M. et Mme Georges ROUGON
dîner vendredi 30 juin 20 h

On peut ajouter *Comptons sur vous absolument.*

— Pour lancer une invitation plus protocolaire :

M. et Mme Georges ROUGON

seraient heureux de vous compter parmi leurs amis le dimanche 8 juillet à partir de 18 h.

— Pour répondre à une invitation :

Le Commandant et Mme Jules SICARDOT

remercient M. et Mme Rougon pour l'aimable invitation à laquelle ils se rendront avec grand plaisir
/à laquelle ils auront l'honneur de se rendre.

— Pour décliner une invitation :

Le Commandant et Mme Jules SICARDOT

se seraient fait une joie de passer la soirée du 8 juillet avec vous. Un engagement antérieur les en empêchera malheureusement. Croyez bien qu'ils en sont désolés.

— Pour annoncer une naissance :

Georges et Marie-José ROUGON

sont heureux de vous faire part de la naissance de Julien le 16 février 1989.

— Pour inviter à des fiancailles :

Georges ROUGON

sera heureux de vous présenter Marie-José à l'occasion de leurs fiancailles.
Réception le jeudi 17 mai à partir de 18 h. chez le Commandant et Mme Sicardot,
8, rue des Tanneurs.

— Pour annoncer des fiancailles à des intimes :

Marie-José SICARDOT

est heureuse de vous annoncer ses fiancailles avec Georges Rougon.

— Pour féliciter de futurs époux et leurs parents s'ils ne constituent qu'une vague relation :

M. et Mme MAQUAIRE

sont très heureux d'apprendre le mariage de Georges et de Marie-José:
Ils vous adressent leurs bien sincères félicitations et tous leurs vœux de bonheur pour le jeune couple.

— Pour ses condoléances à une relation éloignée :

Madame J. LEFRANÇOIS

vous adresse ses condoléances les plus sincères pour le deuil cruel qui vient de vous frapper et vous assure de toute sa sympathie.

— Pour remercier des marques de sympathie qu'on a reçues :

Le Docteur Bianchon

a été très touché (vous remercie) de la sympathie que vous lui avez témoignée à l'occasion de la perte de sa chère Emilie.

— Pour s'excuser de son absence à des funérailles :

M. et Mme MAQUAIRE

vous présentent leurs condoléances émues (attristées) pour la cruelle épreuve qui est la vôtre. D'impérieuses obligations les empêcheront d'être auprès de vous (d'assister à la messe) le 9 février, mais ayez l'assurance que leurs pensées (leurs prières) ne vous quitteront pas.

—Pour accompagner des fleurs, un cadeau :

Dans ce cas, on laissera la carte vierge.

S'il s'agit d'un chèque (honoraires d'un médecin, d'un notaire), on pourra faire suivre son nom d'une formule telle que :

Avec ses remerciements
Avec toute sa gratitude

A noter : Jamais on ne signe une carte de visite.

On aura aussi remarqué que le texte des cartes de visite est toujours rédigé à la troisième personne. Mais rien n'interdit, pour une correspondance familière, de rayer son nom d'une plume légère et d'écrire quelques mots à la première personne.

Dans beaucoup de cas (félicitations, condoléances) la carte ne peut être adressée qu'à des connaissances éloignées. La joie ou la douleur de nos amis proches mérite mieux que quelques mots conventionnels jetés sur un bristol.

Enfin, si ce que l'on écrit doit excéder cinq ou six lignes, alors il vaut mieux faire carrément une lettre. Dans la mesure du possible, n'écrivez pas au dos de la carte et, surtout, n'employez pas plusieurs cartes si votre texte ne tient pas sur une seule !

LES CARTES DE FAIRE-PART

Pour certains événements (naissance, mariage, deuil), on a coutume de faire imprimer des cartes spéciales. L'imprimeur là encore, pourra vous guider dans votre choix. Optez plutôt pour des modèles simples et une formulation classique sans oublier la date et l'adresse.

NAISSANCE

> M. et Mme Frédéric de Sauvigny
> ont la joie de vous annoncer la naissance
> de Ghislaine

S'il y a déjà des enfants, on pourra en faire figurer le nom :

> M. et Mme LORIOT
> laissent à Anastasie la joie de vous annoncer la
> naissance de sa petite sœur Delphine

> Pierre, Sylvie et Marie-Julie FERRY
> sont heureux de vous annoncer la naissance d'Antoine.

Jamais vous ne mentionnerez (comme cela se fait, hélas, quelquefois) le nom d'un enfant décédé avec, entre parenthèse *au ciel*. Il est aussi ridicule qu'indécent d'associer, un jour de joie, ses connaissances à une peine qui doit rester secrète.

MARIAGE

Les deux feuillets doubles (un pour chaque famille) tendent à disparaître au profit du feuillet double unique où chacune des deux familles annoncera le mariage *en employant la même formule*.

On fera figurer l'annonce soit du même côté, en regard, soit en employant la moitié droite du recto et du verso (un simple jeu de pliage permet de faire apparaître en page 1 le nom de la famille dont émane le faire-part, en page 3 celui de l'autre). Là encore, on n'oubliera pas de faire figurer l'adresse des différents annonceurs.

Comme pour les cartes de visites, la mention *Veuve* n'apparaît pas. S'il n'y a ni parents ni grands-parents vivants, l'annonce sera faire par un frère, une sœur, un proche.

> Madame Antoinette LORIOT
> Monsieur et Madame Jean-Joachim LORIOT
> ont le plaisir de vous faire part du mariage de leur petite-fille et fille Delphine avec Monsieur Frédéric de Sauvigny. Et vous prient d'assister à la bénédiction nuptiale qui leur sera donnée par M. l'abbé Troubert, le 18 août à 16 h en l'église Saint-Eustache.

Les titres, les décorations et la profession des parents — comme des mariés — peuvent être mentionnés mais on évitera la surcharge.

Un mariage très simple pourra être annoncé après coup par les jeunes mariés eux-mêmes.

> Sylvain Rieuneau et Ellen Brown
> sont heureux de vous faire part de leur mariage, célébré le 2 mars 1989 dans la plus stricte intimité.

Les personnes annonçant le décès se succéderont dans l'ordre suivant.

1. Le conjoint (ou la conjointe).

2. Les enfants du conjoint (par ordre de primogéniture, mais les enfants mariés passent avant les célibataires, les frères avant les sœurs, les religieux avant les autres célibataires.

3. Les petits-enfants en commençant par les aînés mais, là encore, les mariés passent avant les célibataires.

4. Les arrière-petits enfants.

5. Les oncles, les tantes, les cousins, les cousines.

Vous pouvez ajouter *Et toute la famille* pour ménager la susceptibilité de quelqu'un que vous auriez pu oublier.

Monsieur Pierre Maignan
Monsieur et Madame Eric Maignan-Latour
Monsieur Eugène Maignan, le Docteur Pascal Maignan
Madame François Monnet, Mademoiselle Suzanne
Maignan, ses enfants,
Monsieur l'abbé Serge Monnet, Monsieur Octave
Monnet, Mademoiselle Désirée Monnet, Monsieur
Maxime Maignan-Latour, Mademoiselle Clotilde
Maignan-Latour, ses petits-enfants,
Les familles Quenu, Lantier, Coupeau, Siccardot et
Béraud-Duchâtel,
ont la douleur de vous faire part du décès de
Madame Pierre Maignan née Félicité Puech
survenu à Digne, le 1er juin 1989.
La cérémonie religieuse sera célébrée le lundi 5 mai en
l'église de Plassans où l'on se réunira à 18 h 30.
L'inhumation aura lieu au cimetière de Plassans.

LES CARTES POSTALES

La carte postale constitue le meilleur véhicule pour un message amical qui signifie simplement que vous n'oubliez pas son destinataire.

D'abord sachez la choisir.

Evitez les cartes humoristiques dont le goût est généralement douteux. Evitez, pour les sites très connus, les vues les plus classiques que votre correspondant risque de posséder en dix exemplaires (exemple : Saint Pierre de Rome : la colonnade du Bernin. Notre-Dame de Paris : le chevet vu de l'Ile Saint-Louis ; Musée du Louvre : le scribe accroupi...).

Choisissez plutôt une vue insolite, un détail, un éclairage particulier, un objet peu connu s'il s'agit d'un musée. Si vous êtes appelé à faire des séjours fréquents dans le même endroit, plutôt que de risquer d'adresser trois années de suite la même vue au même destinataire, envoyez plutôt à tout le monde une année : « Trifouilly-le-Comte : le château vu des jardins à la française », l'année suivante : « Louis-Antoine de Trifouilly peint par Mignard », etc.

Le texte

La carte postale est, en soi, un petit signe d'amitié, puisque vous avez songé à l'envoyer. Point n'est besoin donc d'en rajouter trop.

Si vous avez quelque chose de précis à faire savoir (votre date de retour, l'adresse à laquelle on peut vous écrire, le pot de fleurs sous lequel vous avez caché la clef de votre maison de campagne ou des instructions pour les menus de votre chat...), faites-le

brièvement. Pour le reste, plutôt que d'énoncer des banalités sur le temps (magnifique), la température (idéale), la qualité de l'air (vivifiant), le standing de l'hôtel (excellent) et les petits restaurants (sympathiques), bornez-vous à une ou deux phrases simples du type *Tout va bien, nous pensons à vous.*

N'oubliez pas de signer très lisiblement et, dans la plupart des cas, de votre prénom et de votre nom. Ne signer que de son prénom une carte adressée — comme c'est souvent le cas — à de vagues relations, est un acte présomptueux ; c'est, en plus un acte souvent inutile dans la mesure où le destinataire risque de ne pas vous identifier du tout.

Envoyez-la au bon moment

N'envoyez pas vos cartes postales le premier jour de vos vacances. Votre intention de vous débarrasser d'une corvée serait trop claire. Pas le dernier non plus : on vous accuserait, sans doute avec raison, d'avoir attendu jusqu'au dernier moment pour sacrifier à une obligation que vous avez, tant elle vous pesait, sans cesse différée.

Enfin, si vous chargez votre texte d'une plaisanterie qu'un tiers pourrait mal interpréter, de quelque allusion intime qui ne regarde personne d'autre, glissez votre carte dans une enveloppe. La concierge de votre ami n'a pas besoin de savoir que son locataire du 6ᵉ draguait les filles avec vous en 1978, à Saint-Tropez, ni de lui supposer une vie sentimentale complètement débridée parce que vous, mademoiselle, aurez été la troisième du mois d'avril, à l'appeler « mon grand chien fou ».

LES TÉLÉGRAMMES

On se rappellera que pour beaucoup de gens, le télégramme est synonyme de mauvaise nouvelle. On évitera donc d'en envoyer à tort et à travers et on aura, dans la mesure du possible, recours au téléphone. Cependant, si on ne peut toucher son correspondant par ce moyen, le télégramme représente une forme de message rapide et pratique.

On l'emploiera pour annoncer une arrivée inopinée ou un contre-temps de dernière heure.

Arriveral lundi dix heures trente baisers Michel

Manque train treize heures arriveral demain midi mille excuses mille baisers Sophie

On y aura recours pour annoncer un décès.

Jacques s'est éteint cette nuit baisers affligés Lionel

Si il s'agit d'un décès que rien ne laissait prévoir on préparera les proches par un télégramme alarmiste. Personne ne pourra vous en vouloir d'un demi-mensonge.

> Maman victime très grave accident de voiture téléphone-moi à partir de dix huit heures. Affections

On n'hésitera pas à en expédier un à une famille en deuil dès réception de la nouvelle, qu'on puisse ou non assister aux obsèques.

> Soyez assurés de notre douloureuse sympathie. Serons mardi auprès de vous. Amitiés
>
> Impossible être auprès de vous pour vous témoigner toute notre affection. Penserons à vous très fort lundi.

Ce télégramme sera évidemment suivi d'une lettre de condoléances.

En cas d'heureux événements, un télégramme témoignera de votre hâte à partager la joie du destinataire. On en enverra notamment le matin même d'un jour de mariage. Les P. et T. tiennent à votre disposition des télégrammes fleuris adaptés aux différentes circonstances.

> Heureux anniversaire pour vous tous. Joyeuse journée
>
> Tous nos vœux de bonheur. Partageons sincèrement votre joie
>
> Félicitations pour ce succès si mérité. Affectueusement.

Notons que la formule lapidaire d'un télégramme tient à la nature même de ce mode de correspondance. On ne saurait prendre cette concision pour une marque d'indifférence. Cependant, dans certains cas, on pourra témoigner son attention ou sa déférence en employant tous les mots du langage normal. La dépense n'en sera guère plus grande.

QUELQUES RENSEIGNEMENTS PRATIQUES
POUR ALLER PLUS VITE...

En France, si l'on croît l'administration des Postes, 80 % des lettres seraient distribuées dès le lendemain et le reste le surlendemain. Les paquets normaux mettraient de 3 à 8 jours pour arriver à destination et les paquets urgents théoriquement 2 jours... Tout cela, bien sûr, sans garantie.

Si vous voulez gagner du temps, d'autres systèmes s'offrent à vous :

La lettre exprès

Sachez qu'elle suit le même cheminement que la lettre ordinaire. Elle n'est séparée du reste du courrier qu'à l'arrivée et portée par télégraphiste dans les villes d'une certaine importance. Vous ne gagnerez donc que quelques heures et il vous en coûtera 21 F en plus de la taxe d'affranchissement.

Postexpress

Une lettre (jusqu'à 5 kg) à destination du département sera livrée dans la journée si elle est déposée avant une certaine heure qui varie avec la catégorie du bureau de dépôt et l'adresse du destinataire.

Par exemple :
— de Paris pour Paris : 14 ou 15 h.
— de Paris pour la banlieue : midi.

Le prix est indépendant du poids :
— 35 F de Paris pour Paris.
— 50 F de Paris pour la banlieue.

Postéclair

Permet de gagner énormément de temps. Ce système utilise la télécopie : 20 F la première page, 10 F par page supplémentaire. Le destinataire est avisé immédiatement par téléphone qu'il peut retirer votre envoi à la poste. Le port à domicile coûte 21 F.

Chronopost

Fonctionne dans les grands bureaux de poste jusqu'à 18 h. Un paquet confié avant midi est distribué au plus tard le lendemain matin. Un envoi jusqu'à 2 kg coûte 110 F. Ce système a montré toute son efficacité durant les graves perturbations engendrées par les grèves de 1988.

Le système « Colissimo »

Permet d'expédier des colis dans toute la France ; c'est, en somme, une extension du paquet-poste départemental (déposé et distribué dans le même département) dont la distribution le lendemain est d'ores et déjà garantie.

Les lettres familiales, amicales, mondaines, de circonstance

UNE NAISSANCE PROCHAINE

L'annonce aux parents

Cher Papa, Chère Maman,

Je crois qu'il est temps que je vous annonce ce que Françoise ne pourra bientôt plus cacher à notre entourage : si tout se passe bien comme nous le désirons, elle sera, au tout début de juin, maman d'un petit Charles.

Inutile de vous dire que je suis fou de joie à l'idée d'être papa. J'espère que vous ne nous en voudrez pas trop de vous faire passer ainsi de votre situation de parents à celle de jeune grand-père et de jeune grand-mère.

C'est un risque que vous avez, je pense, assumé le jour où vous nous avez donné votre bénédiction.

Françoise commence à envisager avec le plus grand sérieux les nouvelles responsabilités qui vont être les siennes : elle dévore les manuels de puériculture et fait déjà les magasins de layette. Quant à sa santé, elle ne nous donne aucune inquiétude : la future maman mange comme quatre — ou plutôt pour deux — et continue de mener sa vie comme si de rien n'était… Françoise vous écrira demain une grande lettre, avec davantage de détails mais j'ai voulu profiter tout de suite de la permission que je lui ai, enfin, arrachée, pour vous annoncer cette bonne nouvelle.

Nous vous embrassons bien affectueusement.

Michel

Mes chers enfants,

La lettre de Louis nous a causé la joie que vous pouvez imaginer et nous en avons oublié de songer à notre triste condition de futurs grands-parents. Pour dire vrai, si nous ne sommes pas encore retournés en enfance, cette nouvelle nous a rajeunis de vingt-cinq ans et je me demande si nous ne sommes pas aussi impatients d'accueillir notre petit-fils que nous l'avons été en attendant la naissance de Françoise.

Je n'ai pas besoin, ma chérie, de te recommander d'être raisonnable : il y aura bien un moment où tu ne pourras plus — comme dit Louis — mener ta vie comme si de rien n'était. J'espère que tu as au moins renoncé à fumer : le tabac est encore plus mauvais pour les bébés que pour leur maman. Fais au moins pour ton enfant ce que ta vieille mère n'a jamais pu obtenir...

Il est encore un peu tôt mais je vous engage dès maintenant à réfléchir à ce qui vous ferait le plus plaisir pour notre petit-fils : moi aussi, j'ai hâte de courir les magasins comme il y a vingt-cinq ans. Vous nous direz cela quand vous viendrez nous voir à Pâques.

Nous vous embrassons bien tendrement tous les deux en attendant de pouvoir écrire « tous les trois ».

Gabrielle
Marc

Mêmes circonstances
mais la jeune femme ne souhaite pas se marier

Cher Papa, Chère Maman,

J'ai une chose un peu difficile à vous annoncer aujourd'hui, mais après tout, je trouve qu'il est juste que vous soyez les premiers au courant : j'attends pour le mois de juin un bébé de Jean-Pierre. A vrai dire, nous aurions préféré que cela arrive un peu plus tard, ne serait-ce que pour épargner au tout-petit les chaleurs de l'été ; mais enfin, c'est comme ça et nous sommes très heureux tous les deux.

Je ne suis pas très sûre que vous le soyez autant que nous et je comprends très bien ce que peuvent éprouver des parents dans la même situation, mais, comme dit Jean-Pierre « les parents, à présent, c'est nous » et, en 1989, un enfant ne pose pas autant de problèmes qu'il y a vingt-cinq ans. Il y a dans mon entreprise, trois mères célibataires, dont l'une vit séparée du père de son enfant et tout se passe très bien, tant au point de vue matériel que dans les relations avec les autres. Les choses ont bien changé, heureusement.

Je ne pense pas qu'il soit nécessaire de revenir sur notre conversation du mois dernier : vous avez certainement compris que, même maintenant, je ne souhaitais pas me marier. Cela ne nous empêchera pas, Jean-Pierre et moi, bien au contraire, de rester d'excellents compagnons et d'être les meilleurs parents du monde... si vous n'aviez déjà pris la place.

Je vous embrasse affectueusement.

Hélène

La réponse

Ma petite Hélène,

C'est moi qui prends cette fois-ci la plume,
parce que ta maman est un peu souffrante et je ne
te cache pas que le souci que lui a causé ta dernière
lettre n'a pas arrangé son état.

Nous ne nous sommes jamais permis de te faire
la moindre réflexion au sujet de ta vie avec Jean-
Pierre, et nous n'avons jamais insisté pour que
vous vous mariiez, parce que tu es une adulte et
que c'est toi qui es concernée au premier chef.
Peut-être aussi, il faut bien l'avouer, parce que
Jean-Pierre n'est peut-être pas exactement le
gendre que nous aurions choisi. Mais c'est tout de
même un gentil garçon et, encore une fois, ce sont
tes affaires. Pas les nôtres.

La venue du bébé a changé notre façon de voir.
Il semble que pour l'enfant, il serait préférable que
ses parents soient mariés : je ne voudrais pas que
mon petit-fils se sente différent des autres dans la
cour de l'école, encore moins qu'il se trouve un
jour tout seul avec sa maman. On réfléchit
davantage avant de quitter sa femme qu'une
simple compagne, fût-elle la mère de son enfant.
J'espère que tu vas bien penser à tout cela avant de
t'engager dans une voie qui te réserve sans doute
plus de difficultés que tu ne l'imagines dans
l'euphorie des premiers temps.

Enfin, quelle que soit la décision que vous
prendrez, je serai toujours fier d'être grand-père.
J'espère que ta maman saura elle aussi, en prendre
son parti.

En attendant, je t'embrasse bien tendrement.

LE MARIAGE

Une fille fait part à ses parents de son désir de se marier

Cher Papa, Chère Maman,

J'ai bien tardé à répondre à votre dernière lettre. Non que je vous aie oubliés mais plutôt parce que j'hésite depuis des jours et des jours à vous écrire ce que je vous annonce aujourd'hui.

J'ai fait la connaissance, voici bientôt six mois, d'un camarade de faculté et, petit à petit, l'estime et l'amitié que nous éprouvions l'un pour l'autre se sont changés en un sentiment plus fort. Les vacances approchent et l'idée d'une longue séparation nous effraye. Ahmed est en dernière année et, ses diplômes en poche, il doit retourner en Algérie où une situation l'attend. Je ne vous cache pas que j'appréhende de rester à Bordeaux pendant encore une année, tandis qu'Ahmed sera à Oran pratiquement dans l'impossibilité de venir me voir plus d'une fois ou deux.

Aussi envisageons-nous sérieusement l'idée de nous marier. Rien ne s'opposerait à ce que je termine mes études à Alger, d'autant plus que les parents d'Ahmed habitent El Esnam qui est à mi-chemin.

Mais je ne voudrais pas m'engager sans avoir votre approbation pleine et entière et le mieux, je crois, serait que vous acceptiez de recevoir Ahmed pendant quelques jours à la maison. Cela vous laisserait le temps d'apprécier toutes ses qualités et de comprendre pourquoi je tiens si fort à lui.

J'espère que, quand je vous l'aurai présenté, vous vous réjouirez avec moi du choix que j'ai fait. La fin de la semaine qui vient nous conviendrait très bien à tous les deux. Seriez-vous d'accord pour nous accueillir à cette date ?

J'ai hâte d'avoir votre réponse et, en l'attendant, je vous embrasse affectueusement.

Suzanne

Réponse de la mère

Ma petite Suzanne,

Ta lettre, tu l'imagines, nous a causé une grande surprise. Non que nous n'ayons envisagé — et depuis longtemps — ton papa et moi, le jour où tu nous annoncerais une pareille nouvelle. Mais il me semble que tu précipites beaucoup les choses.

Je ne doute pas que ce jeune homme, puisque tu l'as choisi, soit doté de beaucoup de qualités, mais, enfin, ma petite Suzanne, tu n'a que vingt-deux ans et il me semble qu'à cet âge là, rien ne presse. Je suis pourtant capable de comprendre ton impatience : ton papa et moi avons dû repousser notre mariage de trois ans — à cause de la guerre d'Algérie, précisément — et je sais ce qu'est une aussi longue attente. Mais je dois dire que l'absence remet bien des choses à leur place. Nous nous sommes retrouvés tellement sûrs l'un de l'autre que notre mariage, je crois, n'aurait pas été si réussi si nous l'avions contracté dans la précipitation. Nous serions aussi plus tranquilles à l'idée que tu termines dans les meilleurs conditions des études si bien commencées. Tu te sentirais plus libre pour faire un choix si ta situation était assurée.

Enfin, il faut bien en parler, as-tu bien réfléchi aux problèmes que vous posera inévitablement votre différence de culture, quelle que soit la compréhension et l'amour que vous ayez l'un pour l'autre ? As-tu pensé qu'en se mariant on épouse aussi un pays, une belle-famille, la façon de voir de l'autre ? As-tu pensé aux enfants ? Songe à l'expérience de ton amie Hélène...

Ma petite Suzanne, s'engager à aller passer le reste de sa vie en Algérie, ce n'est pas comme prendre trois semaines de vacances au Club Méditerranée...

Nous avons beaucoup parlé de tout cela, ton papa et moi, sans autre souci que celui de ton bonheur. Mais justement nous craignons que tu ne t'emballes un peu et que tu n'aies pas pris le temps de bien réfléchir à tout.

Viens ce week-end, ma petite Suzanne, mais seule. J'aimerais que nous ayons le temps d'avoir une longue conversation.

Je t'embrasse tendrement.

Ta maman

Autre réponse des parents

Ma petite Suzanne,

Nous te savons trop réfléchie pour t'être déjà engagée si avant sans avoir songé aux difficultés qui t'attendraient. Si tu es heureuse, nous le sommes avec toi et c'est de grand cœur que nous accueillerons, samedi en huit, le jeune homme dont tu nous parle avec tant d'enthousiasme.

Nous imaginons que tu dois être sur des charbons ardents en attendant notre réaction et pour ne pas te faire languir davantage, nous préférons t'envoyer tout de suite un petit mot que demain, une longue lettre.

Nous vous attendons tous deux avec impatience et te chargeons déjà de transmettre notre nouvelle affection à celui que tu as choisi.

Tes parents

Réponses à des amis qui vous ont invités au mariage de leur fille

Chers Amis,

C'est avec bien de la joie que nous avons pris connaissance du faire-part qui nous annonçait le mariage de votre petite Françoise et nous serons heureux de nous rendre le 18 août à votre aimable invitation pour formuler de vive voix, nos vœux de bonheur aux jeunes époux.

Merci de nous offrir si gentiment l'hospitalité mais, surtout, ne vous dérangez absolument pas pour nous. Je sais que votre maison est grande mais vous aurez bien d'autres choses à faire, la veille de ce grand jour, que de la transformer en hôtel pour vos invités. Jean a déjà retenu une chambre d'hôtel à Poitiers où nous comptons arriver le 17 dans la soirée... Nous nous retrouverons à la mairie à l'heure dite.

Embrassez bien Françoise pour nous et recevez, chers Amis, toutes nos bonnes amitiés.

Réponse négative

Votre invitation au mariage de Françoise me touche plus que vous ne sauriez le croire. J'imagine votre joie et le bonheur des jeunes gens à quelques semaines de ce grand jour et j'aurais vraiment aimé les partager avec vous.

Malheureusement, je dois être à New York le 15 pour des raisons professionnelles et je ne pourrai vraisemblablement pas me libérer avant le 22.

Veuillez donc avoir la bonté de m'excuser et de recevoir les félicitations que je vous adresse bien sincèrement. J'enverrai dès demain à Françoise tous les vœux de bonheur que je formule à son intention.

Avec mes remerciements pour votre délicate pensée, je vous prie d'agréer, cher Monsieur, chère Madame, l'expression de mon amical souvenir.

LES CADEAUX

Lettres pour proposer un cadeau. Pour le choisir

Ma petite Sophie,

Le grand jour approche et il faut que tu nous dise très vite ce qu'il te serait agréable de recevoir comme témoignage tangible de notre affection.

Si tu as déposé une liste dans quelque magasin, fais-nous savoir lequel : Gérard se chargera de l'achat à son prochain passage à Paris. Sinon, dis-nous simplement ce qui te ferait plaisir. N'hésite pas, surtout, à nous demander quelque chose d'utile — nous savons que des jeunes mariés ont besoin de tout — et même si tu préférais un chèque qui te permettrait d'acquérir exactement ce qui te convient, crois bien que nous ne nous en offusquerions pas. Nous sommes assez libres entre nous et je sais par expérience ce que c'est que de recevoir un cadeau qui n'est pas de son goût. L'horreur !

Je compte donc sur une réponse rapide et je t'envoie ma petite Sophie, toute notre affection.

La réponse

Cher Oncle, chère Tante,

Je n'ai pas besoin d'un cadeau pour mesurer l'affection que vous me portez, mais comme je sais que vous ne lâcherez pas prise aussi facilement, autant être simple et vous dire à l'avance le plaisir que vous me faites en pensant ainsi à moi.

Non, nous n'avons déposé de liste nulle part, mais nous aimerions compléter la ménagère dont maman m'a déjà offert une partie. Il nous manque encore notamment les couteaux à dessert. Il s'agit du modèle X de chez Y. Chaque élément est vendu à la pièce et je compte bien que vous ne ferez pas de folies : nous avons toute la vie pour monter notre ménage...

On dit qu'offrir un couteau coupe l'amitié. Je ne crois pas à ce genre de sottises et il faudrait autre chose qu'un petit couteau à dessert pour entamer les bons sentiments que je vous porte.

Je vous remercie encore, cher Oncle, chère Tante, et vous embrasse tous les deux de tout mon cœur.

Lettre de remerciement

Cher Oncle, chère Tante,

Il faut que je vous gronde : je pensais m'être bien fait comprendre en vous indiquant que vous pouviez acheter les jolis couteaux à la pièce. Je suis tout à fait confuse d'en avoir reçu une demi-douzaine. Et en plus la louche — grosse pièce à laquelle nous n'osions pas songer avant longtemps. J'ai déjà sermonné à ce propos maman qui a vendu la mèche.

Je suis confuse mais aussi ravie à l'idée que, grâce à vous, nous allons pouvoir recevoir fastueusement nos amis. Je vous retiens pour le premier dîner de jeunes mariés que nous donnerons. Nous étrennerons ensemble cette argenterie de rêve. Paul se joint à moi pour vous remercier de nous avoir ainsi gâtés.

Je vous embrasse très affectueusement.

INVITATION

Les invitations se font généralement par téléphone, mais avec des amis qu'on connaît peu et qui pourraient regretter une réponse donnée étourdiment, on préférera la lettre qui laisse le temps de la réflexion.

Chère Amie,

La vie à Paris est ainsi faite que nous ne trouvons jamais le moyen de nous voir autrement qu'entre deux portes et bien souvent, mon mari et moi, nous nous plaignons de ne pas avoir de meilleure occasion de nous rencontrer.

Pourquoi ne nous feriez-vous pas le plaisir, Monsieur Gavaudan et vous-même, de passer tout un week-end à Châteaurenard, dans notre maison ? Ce n'est, avec l'autoroute, qu'à une heure de voiture de Paris et vous pourriez arriver dès le vendredi soir. Je vous suggère, si vous n'avez pas fait d'autre plan, le 18 mai, mais vous seriez aussi les bienvenus le week-end d'après ou le suivant…

Je compte vraiment que vous me répondiez oui et d'avance, nous nous faisons une joie de vous accueillir.

J. Flinois

Joignez éventuellement à votre lettre un plan qui permette d'aller rapidement chez vous du village le plus proche et quelques indications pour rallier ledit village. Etablissez ce plan à partir d'une carte d'état-major et photocopiez le à un certain nombre d'exemplaires : ils serviront aux invitations suivantes.

La réponse sera envoyée dès réception de manière à permettre à vos amis de s'organiser en fonction de votre venue ou de votre défection.

Chère Amie,

Votre proposition nous paraît bien séduisante et c'est avec grand plaisir que nous y souscrivons puisque vous nous faites l'amitié de ne pas craindre d'avoir à nous supporter si longtemps...

Malheureusement une petite fête de famille nous retiendra à Paris le 19 mai, mais si vous n'avez toujours pas pris d'engagement pour le week-end du 25, nous serions très heureux de nous rendre à votre aimable invitation. Nous nous réjouissons déjà à la perspective de passer quelques jours avec vous, mais si un changement devait intervenir dans votre emploi du temps, je compte que vous me le diriez bien simplement. Je me permettrais de vous téléphoner mercredi pour confirmation.

Recevez toutes nos amitiés.

Si vous ne teniez pas à rencontrer les gens qui vous invitent, ayez la courtoisie de mentir, quitte à traficoter les dates. Vous pourrez toujours invoquer, si vous êtes pris en faute, un changement de programme de dernière heure.

Chers Amis,

Nous avons été extrêmement sensibles à votre gentille invitation. Malheureusement, nous avons un engagement pour le week-end du 19 mai.

D'autre part, mon mari doit se rendre prochainement à Londres et il a été convenu depuis longtemps que je l'accompagnerai. Les dates ne sont pas encore arrêtées mais il est hélas à peu près sûr que les week-ends du 25 mai et du 2 juin seront inclus dans ce séjour.

Comme, par ailleurs, nous devons rejoindre nos enfants en vacances dans le courant de juin, ce ne sera, je le crains, pas encore cette fois que nous trouverons l'occasion de nous voir.

Croyez que nous en sommes bien contrariés et recevez, avec nos remerciements, toutes nos amitiés.

Les voisins sont souvent des gens que l'on connaît à peine et, surtout dans les grandes villes, il est des gens qui, vingt ans après leur arrivée dans un immeuble, ignorent jusqu'au nom de leurs voisins de palier.

Pourtant, sauf à avoir affaire à des individus d'une grande indiscrétion qui profiteraient de la proximité pour vous importuner à tout moment, on a toujours avantage à avoir de bonnes relations avec les gens auprès desquels on vit. Précisément parce qu'ils sont proches, ils sont en mesure de vous rendre de petits services et, pour les mêmes raisons, ils peuvent aussi vous causer bien des désagréments : bruit, mauvaises odeurs, fuites d'eau, etc.

Le mieux est donc de vous faire connaître avant que se fasse sentir le besoin d'une aide quelconque ou d'une mise au point : les choses en seront facilitées d'autant.

Tout d'abord, en arrivant dans un immeuble, vous vous présenterez à vos voisins, non en allant sonner chez eux à un moment qui pourrait être inopportun (vous ignorez alors tout leur mode de vie), mais en leur adressant une courte lettre. Vous y expliquerez que vous venez d'emménager en indiquant clairement l'étage et le numéro de l'appartement. Vous manifesterez votre désir de connaître vos correspondants *(Ma femme et moi-même serions très heureux de faire votre connaissance)*. Vous demanderez *à quel moment vous pouvez vous permettre de passer sans trop les déranger…*

L'habileté consiste à profiter de cette lettre de présentation pour s'excuser à l'avance des dérangements que pourra causer votre installation. Par exemple :

> La réfection des enduits de l'appartement va être probablement la cause d'allées et venues nombreuses dans les escaliers et, malgré les recommandations que nous avons faites à l'entrepreneur, il est probable que pendant quelques jours, les parties communes ne seront pas dans l'état de netteté où nous avons eu le plaisir de les trouver à notre arrivée dans l'immeuble. D'ores et déjà nous vous prions de bien vouloir nous excuser pour la gêne qui pourrait en résulter.

Des gens que vous aurez prévenus de nuisances éventuelles et qui sauront que c'est bien à regret que vous les leur imposez, ne pourront vous en vouloir. Tel désagrément qu'on vous inflige sans égard est insupportable ; on l'accepte avec philosophie dès lors qu'on sait son auteur désolé de vous le causer.

Aussi ne faut-il pas hésiter à s'excuser chaque fois que, pour une raison ou pour une autre, on est contraint de déranger épisodiquement les autres occupants de l'immeuble : prévenez l'agacement de vos voisins, désarmez leur colère en glissant un petit mot dans la boîte aux lettres de *tous ceux* qui risquent de pâtir de votre fait. Une carte de visite fera très bien l'affaire.

> M. et Mme Lechat
>
> donnent le samedi 28 mai une soirée qui risque de se prolonger assez tard. D'avance, ils vous prient de bien vouloir les excuser pour le bruit qui en résultera probablement dans l'immeuble.

ou encore

> En raison des travaux de réfection d'une salle de bain, l'entrepreneur de plomberie devra interrompre la circulation d'eau dans la colonne montante desservant tous les appartements de l'escalier A, le mardi 12 janvier entre 10 h 30 et midi et le samedi 13 janvier entre 17 h et 17 h 30. D'avance nous vous prions de bien vouloir nous excuser pour la gêne occasionnée par cette coupure.

On peut se simplifier la tâche en ne rédigeant qu'un seul papier (que l'on choisira alors de bonne taille) qui sera placardé, bien visible, dans l'ascenseur, au bas des escaliers, ou sur les boîtes à lettres. Il va sans dire que s'il y a dans l'immeuble des personnes âgées qui restent parfois plusieurs jours sans sortir et sans recevoir de visite on les préviendra personnellement.

Malgré toute la courtoisie que vous avez mise dans vos premiers rapports avec les voisins, il se peut qu'un conflit vous oppose à un moment ou à l'autre. Si vous êtes discret, vos voisins peuvent très bien croire que les cloisons sont plus épaisses qu'elles ne le sont et ne pas imaginer une seconde qu'ils vous dérangent avec leur télévision, les hurlements de leur chien ou le claquement de leurs talons sur le dallage... N'attendez pas d'être excédé pour le leur reprocher : sous l'effet de la colère vous pourriez proférer des paroles désagréables qui compromettraient définitivement vos rapports et ne feraient qu'aggraver les choses. Préférez une lettre dont vous péserez soigneusement les termes : la fermeté n'exclut pas la courtoisie.

Vous disposez d'une chambre de bonne ou d'un petit appartement vide que, pour une raison ou une autre, vous désirez garder disponible mais vous acceptez *momentanément* de dépanner un ami et de lui laisser gracieusement la jouissance du local.

Qui vous assure de la bonne foi de votre hôte ?

Qui vous dit que lorsque vous voudrez reprendre possession des lieux il ne prétendra pas que vous lui louiez *au noir* et ne refusera pas de s'en aller ? Demandez-lui donc une lettre où il vous promettra de le libérer dès que vous lui en ferez la demande.

Il est bien clair que des gens moins honnêtes que vous, qui loueraient pour de bon au noir auraient encore plus avantage à agir de la même manière.

Mon cher Jacques,

Je suis extrêmement touché de la proposition que tu m'as faite d'occuper le petit appartement de la rue Croix-Varagnon, et malgré mes scrupules, je crois que je vais en profiter en attendant d'avoir trouvé un gîte définitif. Il va sans dire que si, pour une raison ou pour une autre, tu avais besoin de ce local avant que je t'aie débarrassé de ma présence, j'espère bien que tu aurais la simplicité de me le dire : ma situation ne serait pas pire qu'elle ne l'est actuellement et je te garderais, de toute façon, ma reconnaissance pour m'avoir dépanné aujourd'hui. J'arriverai à Toulouse jeudi 17 par le train de 12 h 45 et passerai te voir aussitôt.

A jeudi donc, et encore merci.

Hervé-Louis Lechat

PRÊT D'ARGENT

Cher Louis,

La démarche que je fais aujourd'hui me coûte et il faut que je sois vraiment dans une situation bien pénible pour faire ainsi appel à l'amitié que tu m'as toujours témoignée.

Je comptais sur une importante rentrée d'argent à la fin de ce mois et on m'annonce que je ne serai pas réglé avant la fin de septembre. La soudure sera difficile.

Te serait-il possible de m'avancer pour deux mois la somme dont j'ai besoin ? Il s'agirait de 15 000 F, mais il va sans dire que je te serais encore très reconnaissant si tu ne pouvais ne m'en prêter que la moitié. Je te donnerais, naturellement, les garanties que tu souhaiterais.

D'avance, je te remercie pour ce que tu pourras faire et te prie, cher Louis, de croire à ma fidèle amitié.

Une réponse nuancée

Cher Victor,

J'aurais eu un grand plaisir à te tirer d'embarras. Malheureusement cette période ne sera pas très florissante pour moi non plus.

Néanmoins, je pense pouvoir te prêter 5 000 F jusqu'au 15 octobre et je serais heureux à l'idée d'arranger tant soit peu ta situation. Téléphone-moi donc pour me dire sous quelle forme tu souhaites que je te remette cette somme.

J'ai naturellement assez de confiance en toi pour me passer de quelque garantie que ce soit (1).

Crois, cher Victor, à mon regret de ne pouvoir faire davantage pour toi comme à mon plaisir d'être quand même en mesure, par ce petit geste, de te prouver ma bien fidèle amitié.

(1) Si l'on est moins confiant, on tâchera de ne pas choquer en demandant une reconnaissance de dette, par exemple :

Je n'aurais pas songé à te demander une garantie mais puisque tu me le proposes, faisons les choses en règle : un simple papier signé de ta main indiquant le montant de la somme et l'échéance du remboursement me suffira amplement.

Remerciements

Mon cher Louis,

Je tiens à te remercier du fond du cœur pour le chèque que tu as laissé à mon intention et surtout pour la promptitude avec laquelle tu as répondu à mon appel. Cela m'a permis de faire face aux échéances qu'il m'était le plus difficile de différer et j'ai retrouvé grâce à toi, une sécurité qui commençait à m'abandonner. La seule idée qui me contrarie, c'est que, peut-être, cette somme que tu m'as si généreusement avancée risque de te faire défaut. Crois bien que je suis sensible au fait que tu t'exposes, par amitié pour moi, à une gêne momentanée. Mais sois sans inquiétude, je te rendrai ce que je te dois avant la fin de septembre.

D'ici là, veuille croire, mon cher Louis, tant à ma gratitude qu'à la sincérité de mes sentiments.

UNE CIRCONSTANCE DÉLICATE

Lettre à une mère pour lui demander d'accepter une situation embarrassante qu'elle n'a certainement pas souhaitée.

Ma chère Maman,

Je voudrais que ce que tu as appris hier par une imprudence regrettable de X. ne te cause pas de souci. Je me suis toujours efforcée de vous le cacher, non par esprit de dissimulation mais pour éviter de vous faire de la peine. Maintenant, les choses sont claires : j'en suis presque soulagé car je souffrais d'être obligé de vous mentir tous ces derniers temps

Maintenant, tu sais, maman, je voudrais aussi que tu comprennes. Les choses sont ainsi. Il n'y a pas à les expliquer, il n'y a qu'à les accepter et je sais que tu le peux parce que tu m'aimes. Je te demande de me croire si je te dis que je suis parfaitement heureux et que j'ai une vie équilibrée. La seule ombre au tableau était que je ne pouvais me confier à vous. Je n'ai pas l'intention de vous accabler de confidences que vous ne souhaitez peut-être pas, mais du moins n'y aura-t-il plus de mensonges entre nous.

Je sais qu'avec papa, ce sera moins facile qu'avec toi. Je compte sur ton amour, sur ton tact, sur ton talent de persuasion pour lui faire admettre la situation et que rien ne soit changé entre nous. Ou plutôt que vous sachiez que, peut-être, plus qu'un autre j'ai besoin de votre affection.

La réponse

Mon petit garçon,

L'imprudence de X, comme tu dis, n'a pas été
une révélation pour moi. Une maman attentive et
aimante remarque et devine bien des choses…
Comme tu le craignais, ton papa, lui, a pris la
nouvelle avec moins de philosophie que moi. X. a
dû te dire quelle avait été sa première réaction. Il
est resté ensuite une journée entière sans parler,
mais j'ai très bien compris qu'il ne songeait qu'à
cela. Hier, nous avons eu une conversation à ton
sujet ; je te mentirais si je te disais que la situation
est parfaitement digérée, mais enfin, je crois
qu'avec le temps tout finira par s'arranger.

Cela dit, même s'il n'a pas levé les bras au ciel
en demandant «ce qu'il avait bien pu faire au Bon
Dieu pour avoir un enfant pareil», je pense qu'il
est encore sous le choc et il vaudrait mieux, le
week-end prochain, s'abstenir de faire quelque
allusion que ce soit au sujet. Je ne voudrais pas
que vous vous heurtiez, l'un et l'autre ; ce serait
trop difficile, par la suite, de revenir en arrière.

En ce qui me concerne, tu n'as rien à craindre
et je suis prête à tout entendre. Tu as choisi ta
voie : ce n'est pas à moi de décider ce qui est bon
pour toi et je t'aime tel que tu es, même si — je ne
te le cache pas — nous avions rêvé pour toi d'une
vie plus… conventionnelle. Nous manquons peut-
être un peu d'imagination, mais pas de cœur.
Porte-toi bien, mon petit garçon, et ne fais pas
d'imprudence. Tu me connais : j'ai beau ne pas
faire de drames, je me fais toujours du souci pour
toi.

Je t'embrasse bien tendrement.

LES CIRCONSTANCES DOULOUREUSES, LE DEUIL

Lettre de sympathie à une amie

Ma chère Anne,

Notre conversation d'hier m'a tellement bouleversée que je n'ai pas, sur le moment, trouvé les mots qui, peut-être, t'auraient été de quelque réconfort. Pourtant, je connais un cas très voisin de celui de ton petit Alain ; le fils de nos amis X. qui a eu, il y a deux ans exactement, la même affection. Te dire que tout va pour le mieux serait te mentir, mais ce petit garçon mène maintenant presque la même vie que ses petits camarades. Et je vais jusqu'à me demander si, grâce au redoublement d'attention et de tendresse de ses parents, il n'est pas même plus heureux que les autres.

J'imagine, bien sûr, le courage qu'il doit te falloir pour garder, à chaque instant, le sourire qu'Alain attend de toi, mais je te sais courageuse jusqu'à l'entêtement et je suis sûre qu'un jour, tes efforts seront récompensés.

En tout cas, tu peux compter sur moi pour te seconder : dis-moi bien franchement en quoi je peux t'être utile. Je serai trop heureuse de te prouver, comme je le peux, l'amitié que j'ai toujours eue pour toi.

Je t'embrasse.

Françoise

Pour préparer un proche à une issue fatale

Cher Monsieur et Ami,

C'est une amie bien triste qui vous écrit cette lettre. L'état de santé de votre maman s'aggrave de jour en jour et le docteur Bianchon avec lequel j'ai réussi à avoir une conversation ne semble pas conserver beaucoup d'espoir.

La dernière intervention chirurgicale qu'a subie votre maman l'a laissée très affaiblie et elle dort la plupart du temps, tant que la souffrance ne la tient pas éveillée.

Je passe tous mes après-midis à l'hôpital et c'est pour moi un grand chagrin de la voir décliner petit à petit. Je n'ai pas besoin de vous dire que, quel que soit le réconfort que je lui apporte, rien ne remplacera la présence de son fils.

Venez vite cher Monsieur et Ami. Le temps presse, je crois, même si je ne cesse de prier pour que le diagnostic du docteur Bianchon ne se révèle trop pessimiste.

Les lettres de condoléances

Mon cher Pierre,

Je pense sans cesse à toi depuis que j'ai décacheté la lettre où tu m'apprenais cette si triste nouvelle. Je sais l'affection que tu avais pour ta maman et j'essaie d'imaginer ton chagrin comme si d'éprouver moi-même tant de tristesse pouvait te décharger un peu de la tienne.

Quel vide doit laisser la disparition d'une maman mais aussi quelle consolation de penser que la tienne a eu une vie si belle, si riche et si heureuse tant que ton père était auprès d'elle. Et même après, souviens-toi : elle avait une force d'âme extraordinaire. Elle était de ces êtres rares qui sont doués pour le bonheur. Ne te laisse pas dévorer par le chagrin, mon cher Pierre, pense au courage de ta maman et essaie encore de lui sourire.

Je t'embrasse.

Thierry

Mon cher Robert,

Ton faire-part m'a laissé comme assommé. Je n'arrive pas à réaliser que je ne reverrai plus Jacqueline si chaleureuse, si gaie avec sa vitalité, son regard et son joli rire. C'est l'image que je veux garder d'elle. L'image que nous garderons tous d'elle. Tant que nous y penserons aussi, elle sera encore vivante. Je ne crois pas qu'elle aimerait nous voir tristes. Elle ne nous demande que de l'aimer.

Et nous l'aimons tous. Tellement. Tu vois, je me refuse à parler d'elle au passé : c'est le plus bel hommage qu'on puisse lui rendre.

Je te souhaite tout le courage dont tu vas avoir besoin, mon cher Robert, et je t'assure de ma plus vive sympathie.

Gérard

Cher Monsieur,

Nous sommes atterrés par l'affreuse nouvelle que notre ami Chardon vient de nous donner par un coup de téléphone. Que vous dire pour essayer d'atténuer l'immense tristesse qui doit être la vôtre ? Les mots sont dérisoires. Je n'en trouve même pas pour vous dire toute la peine que nous éprouvons nous-même tant nous avions, tous deux, d amitié pour Jacqueline.

Sachez cependant dans cette cruelle épreuve, que vous avez des amis. Appelez-moi pour nous dire ce que nous pourrions faire pour vous soulager dans les besognes quotidiennes que vous devez vous sentir bien peu de cœur pour accomplir. Nous vous proposons, de toute façon, de prendre avec nous le petit Bernard pendant les vacances de Pâques. Quant à vous, notre maison vous est ouverte. Venez dès que vous voudrez. Autant que vous voudrez. Vous n'abuserez jamais de notre amitié.

Mon cher Guy,

Je ne sais te dire la peine qui a été la mienne quand j'ai appris que Florence avait perdu le bébé que vous attendiez avec tant d'impatience.

Je t'écris à toi, lâchement, incapable de trouver les mots pour consoler l'excellente maman qu'elle était déjà dans le fond de son cœur, mais j'imagine aussi ton désarroi et je vous assure tous les deux de ma tristesse et de mon affection.

Le travail, les affaires, les rapports avec l'administration

Le particulier est fréquemment amené à écrire à des artisans, des commerçants, des agents d'assurance, des employeurs, sans parler de l'administration... pour régler une quantité de problèmes pratiques.

Le style de ces lettres ne se distingue pas fondamentalement de celui des lettres ordinaires, mais leur premier but étant l'efficacité, on doit y veiller tout spécialement à la clarté et à la précision. Plus encore que dans les autres lettres, on n'hésitera pas à multiplier les alinéas, de manière à bien séparer les différentes idées par paragraphes. On pourra même numéroter ces paragraphes et, si l'on tient à attirer l'attention sur une clause particulièrement importante rien n'empêchera qu'on la souligne.

On tâchera d'être aussi exact que possible. On n'écrira pas, par exemple, *Dans notre dernière lettre* mais *Dans notre lettre du 16 juin 1985*. Au lieu d'écrire *Je vous enverrai incessamment,* on précisera la date, quitte à se borner, si l'on ne sait pas encore exactement quand on sera en mesure d'effectuer l'envoi, à fixer une limite : *Je vous enverrai avant le 12 janvier...*

On choisira ses termes avec la plus grande prudence : votre lettre ne doit pas devenir, entre les mains de son destinataire, une arme qui puisse se retourner contre vous. Ainsi, dans une déclaration de sinistre à un assureur, n'oubliez pas de faire des réserves quant à d'éventuels dégâts que vous auriez pu ne pas remarquer. N'évaluez pas à la hâte le montant du préjudice que vous estimez avoir subi...

Si vous n'êtes pas sûr de pouvoir tenir un engagement, gardez-vous bien de le prendre par écrit.

Autre chose importante : même si on a des griefs sérieux à l'égard de son correspondant, on s'efforcera de rester au moins correct. Vous ne l'accuserez pas brutalement de malhonnêteté ou de mauvaise volonté, vous ferez plutôt part de *votre déception de constater que... alors qu'on vous avait promis que...* Vous éviterez les mots désagréables. Au lieu d'un *Je trouve inadmissible* vous pourrez avoir recours à un *Il ne me semble guère admissible...* etc. Soyez courtois et ferme. Ce qui compte en affaires, ce n'est pas tant de satisfaire sa colère ou son amour propre que d'aboutir à la négociation souhaitée.

Enfin, même si vous connaissez personnellement votre correspondant, vous devez vous rappeler que la lettre d'affaire peut être communiquée à un grand nombre d'étrangers à cette relation. Vous vous limiterez donc à quelques formules beaucoup plus « passe-partout » que dans la correspondance ordinaire

En général, vous prierez votre correspondant :
— *d'agréer l'assurance de vos sentiments distingués ou les meilleurs,*
— *d'accepter l'assurance de votre considération,*
— *d'agréer vos salutations distinguées.*

Mais on n'hésitera pas à remercier ni, éventuellement, à présenter des excuses, ni à formuler l'espoir qu'on vous répondra promptement et on dira par exemple :
— *Je vous remercie d'avance et je vous prie, monsieur, d'agréer...*
— *Dans l'espoir d'une réponse rapide, je vous prie...*

N'écrivez surtout pas : *Dans l'espoir d'une réponse rapide, veuillez...* ce qui signifierait que c'est votre correspondant qui espère la réponse...

Le curriculum vitae

Il sera, de toute façon, tapé à la machine sur un format commercial 21 × 29,7.

On séparera bien les différentes sortes d'information de manière qu'il soit parfaitement lisible. On ne le surchargera pas de détails inutiles. (Par exemple, si vous avez le baccalauréat, inutile d'indiquer que vous avez le brevet élémentaire. Inutile d'indiquer les prénoms de vos enfants, etc.)

Un curriculum vitae classique devra obligatoirement comporter dans l'ordre :
— Nom, prénoms, âge, adresse et téléphone
— Situation de famille
— Niveau d'études
— Langues étrangères (en précisant si on les comprend, les parle, les écrit ou si l'on n'en a que des notions).
— Expériences professionnelles par étapes indiquées chronologiquement.
— Eventuellement vos goûts (violons d'Ingres, etc.) et les pays que vous connaissez. De plus, certaines sociétés réclament ce genre d'informations sur les candidats qu'ils recrutent. Dans le doute, ne les donnez que si elles vous semblent avoir un intérêt pour la fonction que vous postulez.

Si l'on exige une photographie, joignez une bonne photo d'identité. Pas une photo de vacances !

Yvette Lantier, 35 ans

4, traverse Beaufort, 13100 Aix-en-Provence.

Tél. : 42.38.28.00.
Mariée, 1 enfant.

Niveau d'études : C.A.P. de dactylographie et sténographie (1970).

Langues vivantes : anglais parlé et écrit. Notions d'italien.

— Du 1er octobre 1970 au 15 décembre 1978 : employée en qualité de secrétaire à la Société Plastirex, 83, route des Alpes à Aix-en-Provence.

— Du 1er janvier 1979 au 30 juillet 1988 : secrétaire de direction à la Société Carolux, 17 bis, cours Celsius, Aix-en-Provence. Cette société a déposé son bilan en juillet 1988.

La lettre d'accompagnement

On joindra à ce curriculum la photocopie des certificats de travail correspondants et on l'accompagnera d'une lettre manuscrite où l'on soignera particulièrement le graphisme et l'orthographe (certains employeurs ont recours, pour le recrutement, à des graphologues ; qu'on ne l'oublie pas).

Monsieur,

En réponse à votre annonce parue dans Le Provençal du 16 mars 1989, j'ai l'honneur de me porter candidate au poste de secrétaire de direction que vous proposez.

La société Carolux où j'ai exercé des fonctions comparables a cessé son activité l'été dernier et je n'ai retrouvé depuis lors que des propositions concernant des établissements généralement très éloignés de mon domicile. Les rares fois où leur situation géographique m'aurait convenu, il s'agissait de postes beaucoup moins intéressants que celui que je venais de quitter.

Votre société présente à mes yeux un double attrait : elle est implantée dans la ville même, et surtout son secteur d'activité est celui du bâtiment où j'ai travaillé jusqu'à présent, et où j'aimerais continuer à employer l'expérience que j'ai acquise. Je souhaite, au cas où vous retiendrez ma candidature, un salaire annuel de 95 000 F.

Vous trouverez, je l'espère, dans le curriculum vitae ci-joint, les informations susceptibles de vous intéresser. M. Sebastiani dont j'ai été la collaboratrice pendant cinq ans et demi, a eu l'amabilité de s'offrir à donner sur moi tous les renseignements que pourrait souhaiter mon nouvel employeur. Vous pouvez donc, si vous le désirez, lui écrire ou lui téléphoner (Monsieur Sebastiani, 10, cours Mirabeau à Aix. 42.40.38.00).

Pour ma part, je me tiens prête à répondre à toute convocation de votre part.

Dans cette attente, je vous prie d'agréer, Monsieur, mes respectueuses salutations.

Un curriculum vitae « nouvelle manière »

Un autre usage qui tend à s'établir consiste à présenter son curriculum vitae en partant des dernières fonctions qu'on a occupées pour remonter dans le passé. Ce parti ne concerne que la carrière proprement dite, les études que l'on a suivies étant énumérées dans l'ordre chronologique normal.

— On donnera donc ses nom, prénom, adresse, date de naissance ; on précisera éventuellement si l'on est célibataire, marié, avec des enfants.

— On indiquera l'idée force de sa carrière, c'est-à-dire qu'on définira par une formule simple le type de service qu'on est en mesure d'assumer du fait de sa formation et de l'expérience qu'on a acquise.

— Suivront les diplômes avec la date et le lieu d'obtention.

— Puis, à rebours, les étapes de la vie professionnelle en commençant par le dernier emploi occupé — ce qui permettra d'emblée au lecteur de voir d'où vous venez.

— On terminera en indiquant les langues vivantes qu'on parle ou que l'on comprend, éventuellement tel ou tel hobby qui peut donner une indication sur votre personnalité, telle région du monde de laquelle on a une bonne connaissance ou pour laquelle on a un intérêt particulier...

Pierre MATHIEU,

7, avenue Ledru-Rollin
75011 Paris
Tél. : 42.99.00.22
né le 02.03.1954

CONSEIL EN STRATÉGIE DE DÉVELOPPEMENT ET COMMUNICATION

Formation
— Etudes secondaires au Lycée Condorcet Baccalauréat (1972)
— Deug de Lettres Paris Sorbonne (1974)
— Licence de Sociologie Paris VII (1975)
— Service militaire, documentaliste à la Mission de coopération de Dakar (1976-1977)
— Maîtrise de sociologie à Paris V, Licence d'économie à Paris I (1978-1979)

Vie professionnelle
1989 : Directeur d'études (département marketing) chez EMCI depuis 1986. Contact avec la clientèle, définition des axes de travail.

1986 : Chargé d'études qualitatives chez EMCI depuis 1983.

1983 : Chargé d'études quantitatives chez BVA depuis 1980. Stage de statistiques à l'INSCA (six mois). Stage de direction et de développement d'entreprises au CESI (deux mois).

Langues connues :
— Anglais (courant)
— Allemand, espagnol (bonnes notions)
Hobby : tennis.

Recommandation pour un emploi

Cher Monsieur,

Je viens d'apprendre tout à fait fortuitement que Mademoiselle Garnero allait se marier et que vous recherchiez pour la rentrée prochaine, une personne de confiance susceptible de la remplacer. Je me permets de vous recommander Mademoiselle Yvette Lantier dont je connais les parents depuis de nombreuses années et dont, surtout, j'ai eu l'occasion d'apprécier la compétence quand elle était chez Carolux, la collaboratrice de M. Sebastiani. Le poste de secrétaire de direction que va laisser vacant Mademoiselle Garnero correspond exactement à ce qu'elle recherche et il me semble que les qualités dont elle a déjà fait preuve devraient vous donner toute satisfaction.

Si vous n'avez encore personne en vue, je serais très heureux que vous la receviez.

D'avance, je vous remercie et je vous prie, cher Monsieur, de croire à mon souvenir le meilleur.

Lettre de démission

Monsieur,

Je vous prie de bien vouloir noter que je souhaite pour convenances personnelles, quitter mes fonctions le 30 juillet 1989. Le mois de mai n'est pas achevé. Ainsi seront respectés les deux mois de préavis prévus par la loi.

Dans l'attente d'un entretien avec vous, je vous prie, Monsieur, de croire à mes sentiments les meilleurs.

On n'oubliera pas de dater cette lettre au-dessus de la signature.

Si l'on entretient de bons rapports avec l'employeur que l'on quitte, on fera évidemment part de ses regrets d'être contraint de s'en aller, on donnera la raison qui motive sa décision, on remerciera pour les attentions dont on a été l'objet dans l'entreprise.

Lettre de réclamation

Votre employeur — cela arrive — se fait tirer l'oreille pour vous verser votre salaire. Ne tardez pas à le lui réclamer par écrit : en cas de règlement judiciaire, vous ne pourriez prétendre à plus de deux mois d'arriérés. Envoyez-lui donc une lettre recommandée avec accusé de réception...

Monsieur,

Malgré mes demandes réitérées, je n'ai toujours pas reçu, ce jour, mon salaire du mois de mars 1989 et je n'ai toujours pas été remboursé des notes de frais hebdomadaires dont je vous ai adressé les justificatifs les 24 et 31 mars et les 14 et 21 avril (au total 6 727 F).

Je vous serais reconnaissant de bien vouloir faire le nécessaire pour que le règlement de ces sommes intervienne très rapidement.

Dans cette attente, je vous prie d'agréer, Monsieur, l'expression de mes sentiments distingués.

Gonzague Durant

Copie à l'Inspection du Travail

LES EMPLOYÉS DE MAISON

Lettre à l'URSSAF lors de l'engagement d'une femme de ménage

Si c'est la première fois qu'on a recours au service d'une employée de maison, on est tenu, dans les meilleurs délais, de se faire immatriculer comme employeur à l'URSSAF du département où l'on réside. On n'oubliera pas d'indiquer bien lisiblement en tête de la lettre, son nom, son adresse et sa date de naissance.

François Vallon,
17, rue des Tournelles 75003 Paris
né le 27 février 1965.

Monsieur,

Je viens d'engager en qualité de femme de ménage Mme Pilar-Alvaro, 60, rue des Tournelles, Paris 3ᵉ. C'est la première fois que j'emploie du personnel. Aussi vous serais-je reconnaissant de bien vouloir m'attribuer un numéro d'immatriculation d'employeur et de m'adresser les formulaires qui me permettent de me mettre en règle vis-à-vis de l'URSSAF.

Lettre à la Caisse Primaire centrale de la Sécurité Sociale

Si l'employée ne bénéficie pas de la Sécurité Sociale, il faudra en demander l'immatriculation à la Caisse Primaire Centrale de son domicile, service des Immatriculations.

Monsieur,

Je viens d'engager en qualité de femme de ménage Mme Pilar Alvaro, née le 2 mars 1964, domiciliée 60, rue des Tournelles 75003 Paris.

C'est le premier emploi de Mme Alvaro, aussi vous serais-je reconnaissant de bien vouloir l'inscrire à la Sécurité sociale.

Dans cette attente, je vous prie, Monsieur, d'agréer, mes salutations distinguées.

Certificat de travail

Tout employé peut exiger un certificat de travail. Vous pouvez y faire figurer des marques de votre satisfaction.

Toute observation dépréciative est, en revanche, interdite.

Je soussigné François Vallon, 17, rue des Tournelles 75003 Paris, certifie que Mme Pilar Alvaro a été employée à mon service en qualité de femme de ménage du 15 janvier 1985 au 30 mars 1989 et qu'elle m'a donné la plus grande satisfaction.

Mme Alvaro me quitte ce jour, libre de tout engagement.

Dat et signature

RELATION AVEC LES ARTISANS

Lettre pour confirmer une demande de devis

Vous avez convoqué chez vous un artisan pour effectuer des travaux d'une certaine importance, vous lui avez expliqué ce que vous désiriez, vous avez demandé son avis et ses suggestions et, tombés d'accord, vous l'avez prié de vous établir un devis. Vous avez tout avantage à lui faire parvenir, pour mémoire, avant qu'il ne se mette à la rédiger, une lettre détaillée où vous indiquerez avec précision les dimensions, les matières, les modèles que vous avez arrêtés.

Cher Monsieur,

Suite à notre conversation du 18 septembre, je vous prie de bien vouloir m'établir un devis pour la création d'une salle de bain à mon domicile, 35 bis, rue Barbet de Jouy.

Le plancher du sol (2,50 × 3,30 m) sera déposé et remplacé par un béton léger, revêtu d'un carrelage Carolux (modèle 270 A, couleur « cuir antique »).

Les murs seront recouverts de la même céramique, jusqu'à une hauteur de 2 m (15 m^2).

La baignoire et le lavabo seront de chez Bertrand et Valentin (modèle « Danaïde » couleur « pain brûlé »).

La tuyauterie d'adduction (environ 9m) sera en cuivre, celle d'évacuation (2 m 20) en plastique.

Malgré la différence de coût, je me suis finalement rendu à vos raisons et j'ai choisi pour la robinetterie le modèle col de cygne (« Léda » de chez Verdier).

Je vous serais reconnaissant de bien vouloir rédiger ce devis dans les meilleurs délais en m'indiquant à quelle date vous seriez en mesure de commencer les travaux et la durée maximale que vous envisagez pour ceux-ci:

Pour ma part, comme je vous l'ai dit, le plus tôt serait le mieux. Je vous adresserai ma réponse définitive dans la semaine qui suivra la réception de votre lettre.

CORRESPONDANCE AVES LES ASSUREURS

On aura toujours avantage à téléphoner immédiatement à son courtier pour connaître exactement la marche à suivre.

L'envoi en recommandé avec accusé de réception est vivement… recommandé. Ainsi sera évitée toute contestation.

S'il s'agit de contracter une assurance, vous aurez la preuve que votre lettre (et le chèque qui l'accompagne) est bien arrivée et que vous êtes couvert avant même d'avoir reçu votre quittance.

S'il s'agit de résilier un contrat, vous aurez la preuve que votre courrier est parvenu à destination avant l'échéance fatidique et vous ne courrez pas le risque d'être obligé de payer un semestre ou un an d'une assurance désormais inutile

Déclaration d'un incendie

François Vallon
17, rue des Tournelles 75003
Police incendie n° 20 000 473 L

Monsieur le Directeur,

J'ai l'honneur de porter à votre connaissance, l'incendie qui s'est produit à mon domicile dans la nuit du 16 au 17 janvier. Il semble qu'un court circuit dans un appareil électro-ménager soit à l'origine de ce sinistre qui a détruit une partie de ma cuisine et endommagé gravement le mobilier.

D'autre part, les plafonds de l'appartement de l'étage au-dessous ont subi des dégâts importants du fait de l'eau que les pompiers ont déversée et je me suis permis de communiquer votre adresse à son propriétaire qui vous fera parvenir sa réclamation.

Puis-je vous demander de faire diligence pour évaluer les dommages afin que nous puissions le plus rapidement possible rentrer en jouissance de notre logement ?

Veuillez agréer, Monsieur le Directeur, mes salutations distinguées.

Déclaration d'un accident de voiture

En général, on se bornera à communiquer le constat amiable. Il est toujours plus courtois de l'accompagner de quelques lignes *(Veuillez trouver ci-joint...)* avec une formule de politesse. S'il est des précisions qu'on n'a pas eu la place ou la présence d'esprit de faire figurer sur le constat, on les indiquera sur cette lettre. On ne les rajoutera en aucun cas au recto de ce constat qui ne doit subir aucune modification après la signature des deux adversaires.

Résiliation d'un contrat

Monsieur le Directeur,

Conformément aux dispositions de l'article (--) des Conditions Générales de mon contrat d'assurance (incendie/automobile/vol), j'ai l'honneur de vous informer que je désire résilier celui-ci à l'expiration de la période en cours, soit le 27 août 1989. Je vous serais reconnaissant de bien vouloir m'en donner acte.

Pour excuser un élève

Monsieur,

Mon fils Julien se fait beaucoup de souci d'arriver ce matin à votre cours sans le devoir qu'il devait vous remettre. Il a pris froid avant-hier à la séance de plein air et avait même hier une forte fièvre si bien que j'ai pris sur moi de le dispenser d'un travail qu'il aurait eu bien de la peine à accomplir dans de si mauvaise conditions. J'ose espérer que vous ne lui en tiendrez pas rigueur quand vous saurez l'insistance qu'il a manifestée pour faire, malgré tout, ce devoir et ne pas se présenter devant vous les mains vides.

Je profite de cette occasion pour vous dire combien son père et moi sommes satisfaits des progrès que notre fils a accomplis depuis qu'il est dans votre classe. Il était bien faible en mathématiques en ce début d'année et nous sommes parfaitement conscients que c'est tant à votre patience qu'à vos excellentes méthodes qu'il doit d'être, à présent, dans les bons moyens.

Très sincèrement, je vous en remercie et je vous prie, Monsieur, de bien vouloir croire à mes sentiments distingués.

(Si un devoir n'a pas été fait pour un tout autre motif — fête familiale, deuil, accident — on indiquera toujours cette raison, mais sans se perdre dans les détails qui ne pourraient qu'embarrasser un étranger).

Pour solliciter un rendez-vous

Monsieur,

Vous avez bien voulu annoter le bulletin de mon fils Julien pour attirer mon attention sur la faiblesse de ses résultats en français. Je vous avoue que je n'en ai guère été surprise ; depuis plusieurs mois, déjà, ses notes me consternent et je me fais bien du souci à l'idée que, s'il continue de cette façon, le bénéfice qu'il aurait pu tirer de votre enseignement risque d'être complètement perdu.

J'aimerais beaucoup vous rencontrer à ce sujet pour que nous examinions de quelle façon nous pourrions l'inciter à porter plus d'attention à son travail. Peut-être même serait-il souhaitable que je lui fasse faire des exercices à la maison ou qu'il prenne des leçon particulières. Vos conseils me seraient évidemment précieux et je vous serais très reconnaissante si vous acceptiez de me consacrer un peu de votre temps, un soir, à la fin de vos cours. Auriez-vous la gentillesse de me faire savoir par Julien quel jour vous dérangerait le moins ?

Dans cette attente, je vous prie, Monsieur, d'agréer, l'expression de mes sentiments distingués.

A un Chef d'établissement scolaire pour se plaindre d'un professeur

Madame la Directrice,

La malheureuse affaire qui a valu à mon fils Bertrand de passer le mois dernier, avec deux de ses camarades, devant le Conseil de Discipline m'amène à me poser quelques questions sur les méthodes pédagogiques de Mademoiselle Brugières. Loin de moi la pensée d'excuser mon fils qui a, de toutes façons eu, à l'égard de son professeur, une attitude répréhensible. Il me semble cependant que les regrets qu'il a exprimés, la sanction qu'il a subie et la bonne conduite qui a été la sienne depuis les faits, auraient dû inciter Mademoiselle Brugières à agir avec lui comme avec les autres élèves. Or, celle-ci semble s'acharner sur lui et avoir plaisir à la mettre en difficulté chaque fois que l occasion s'en présente. Elle l'a traité l'autre jour de « petit crétin » devant ses petits camarades et il nous a semblé que les deux zéros qu'il a obtenus pour de devoirs, somme toute honorables, n'avaient aucune justification.

Bertrand avait eu l'an dernier le deuxième prix d'histoire. J'ai du mal à m'expliquer la régression de cette année autrement que par l'animosité dont le poursuit ce professeur. Je m'étonne d'autre part que Mademoiselle Brugières trouve l'occasion dans un cours sur le XVIIe siècle, d'exprimer des idées politiques et philosophiques qui, pour être les siennes, ne sont pas nécessairement du goût de tout le monde et n'ont, de toute façon, rien à voir avec le programme.

Cet endoctrinement permanent ne me semble guère souhaitable, s'adressant à de jeunes enfants ; cette malveillance dont elle use spécialement à l'égard de mon fils ne me paraît pas de nature à favoriser des études fructueuses.

Je sais combien il est délicat d'intervenir dans les méthodes d'enseignement dont les professeurs devraient être seuls juges et je peux aussi comprendre que Mademoiselle Brugières ait gardé quelque rancune à l'égard de mon fils, mais je vous serais néanmoins très reconnaissant si vous vouliez bien faire en sorte qu'elle modifie une attitude dont je ne suis pas le seul à me plaindre.

Dans cet espoir, je vous prie d'agréer, Madame la Directrice, l'expression de mes sentiments respectueux.

LETTRE AUX SERVICES ADMINISTRATIFS

Lettre à un juge des enfants pour lui signaler une famille en danger

Monsieur le juge,

Je crois devoir porter à votre connaissance les faits suivants :

Inquiète de constater que depuis deux jours, les volets du pavillon proche du nôtre étaient fermés, je m'y suis rendue ce matin. Il s'agit de la maison de la famille Chamillard que nous connaissons très peu. Le père en est absent depuis longtemps et la mère y vit seule avec trois enfants âgés de trois, cinq et six ans. Le spectacle que j'ai découvert à l'intérieur est effrayant : la jeune femme, probablement droguée, râlait sur son lit au premier étage et les enfants pleuraient à la cuisine, apparemment privés de nourriture depuis quarante-huit heures. Le logement tout entier est dans un état de malpropreté repoussant.

Il nous a semblé que la famille était en danger et qu'il était de notre devoir de vous aviser de cette déplorable situation.

Nous restons bien sûr à votre disposition pour toute précision que vous pourriez souhaiter et nous vous prions...

Une femme divorcée écrit au président d'un tribunal d'instance pour obtenir l'exécution d'une saisie-arrêt

Monsieur le Président,

Le 17 mai 1988, vous avez ordonné une saisie-arrêt sur les salaires de mon ex-mari, Jean-Pierre Vassort, ingénieur chimiste, pour la somme mensuelle de trois mille cinq cents francs qu'il devait me verser pour l'entretien des enfants dont le Tribunal m'a confié la garde.

Quatre mois après, je n'ai toujours rien reçu : cet argent dont j'ai le plus grand besoin pour élever nos enfants me fait cruellement défaut. Mon ex-mari travaille pourtant toujours chez Plastirex.

Je vous serais extrêmement reconnaissante de bien voiloir prier votre greffier de confirmer à l'employeur qu'il est tenu de retenir chaque mois sur le salaire de Jean-Pierre Vassort, le montant de la pension fixé par votre ordonnance.

Dans l'espoir que vous aurez à cœur d'intervenir rapidement, je vous prie, Monsieur le Président, d'agréer l'assurance de mes respectueuses salutations.

Lettre au Procureur de la République pour une plainte

Monsieur le procureur,

J'ai l'honneur de porter à votre connaissance les faits suivants :

M. Jean K., notre voisin, a depuis plusieurs mois un comportement des plus désagréables avec ma famille.

M. K. estime que la quote-part qui m'a été impartie pour l'entretien de l'ascenseur ne correspond pas à l'usage que j'en fais ; il a prétendu que je recevais plus que quiconque dans l'immeuble et qu'avec mes quatre enfants et mes invités, les charges que je paie devraient être doublées.

Aussi M. K. ne cesse-t-il de coller dans la cabine de l'ascenseur des papiers injurieux enjoignant à mes visiteurs d'emprunter l'escalier. Le soir, il guette au pied de l'ascenseur ma femme et mes enfants et les empêche d'y pénétrer. Hier, il en est venu aux coups, giflant mon fils aîné et molestant ma femme qu'il a par ailleurs, grossièrement injuriée devant la concierge et des voisins, accourus au bruit.

Je porte plainte pour coups et blessures, ainsi que pour injures publiques.

Je vous remercie de bien vouloir vous intéresser à cette pénible situation que je me sens, aujourd'hui, dans l'incapacité de régler à l'amiable et vous prie, Monsieur le Procureur, d'agréer, l'expression de mes respectueux sentiments.

Lettre à l'administration fiscale pour obtenir des délais de paiement

Monsieur le Trésorier principal,

Votre lettre du 12 mars 1989 m'enjoint de verser au Trésor Public, au titre de l'impôt sur le revenu pour l'année 1987, la somme de 25 300 F.

Il s'agit là d'une somme importante et je n'entrevois aucun moyen de la réunir d'ici le 15 juin — délai que vous m'avez fixé pour le recouvrement — autrement qu'en sollicitant de ma banque un emprunt qui, s'il m'est accordé, ne le sera qu'assorti d'intérêts très lourds.

Je vous prie de considérer que j'ai opté depuis 1984 pour la mensualisation de l'impôt et ma trésorerie, si elle s'est adaptée à ce nouveau mode de prélèvement, en est néanmoins affaiblie.

J'ai toujours, jusqu'à présent, scrupuleusement respecté les délais de paiement que me fixait votre administration, mais aujourd'hui, je me trouve dans l'impossibilité d'être le bon contribuable que je me suis toujours efforcé d'être.

C'est pourquoi je me permets de faire appel à votre compréhension en sollicitant un étalement de ma dette sur six mois (par exemple le 15 juin, le 15 septembre, le 15 décembre). Il va sans dire que je vous serais extrêmement reconnaissant, dans le cas favorable, si vous renonciez à m'appliquer les pénalités de retard correspondantes.

D'avance, je vous remercie de la bienveillante attention que vous voudrez bien m'accorder et je vous prie d'agréer, Monsieur le Trésorier principal, mes salutations distinguées.

La correspondance
amoureuse

La grande majorité des manuels de correspondance éludent le chapitre des lettres d'amour. C'est qu'il est bien présomptueux à un tiers de donner des conseils pour la rédaction de lettres qui sont les plus personnelles qu'on puisse imaginer. Cela dit, quelle que soit l'ardeur et la sincérité des sentiments, combien se sentent, surtout aux prémices d'une passion, paralysés devant une feuille blanche : on craint de tout compromettre à aller trop vite en besogne en dévoilant une inclination qui ne serait pas entièrement partagée ; on a peur de décevoir en ne témoignant pas assez de chaleur, on se désespère de ne pas trouver les mots qui traduisent ses sentiments, on appréhende de commettre quelque irréparable erreur.

Pourtant, l'écriture est peut-être le meilleur véhicule des sentiments amoureux. Si elle ne permet pas, comme la parole, de rectifier tel mot qui serait mal reçu, elle donne le temps de choisir ses formules pour exprimer le plus justement possible les mouvements de son âme. Aussi n'est-il peut-être pas inutile de dire que, pour passionnée qu'elle soit, une lettre d'amour n'en doit pas moins, comme toute correspondance, respecter un certain nombre de règles : propreté de la forme, clarté du plan, correction du style, qui seront reçues par l'autre comme une politesse et comme un hommage.

D'abord, comment nommer l'objet de tous vos soins ?

A moins qu'un usage dont vous êtes seul juge ait consacré entre vous un de ces petits noms gentils qui feraient rire n'importe qui d'autre, évitez de prendre l'initiative qui pourrait agacer. Pas de nom d'animal — si charmant soit-il —. Pas de lapin (bleu), de canard (en sucre), de poussin (adoré), de grand chien (fou), de loup, ni de biquet. C'est ridicule. Pas de diminutifs (Ma Mimi, mon Jojo, Baba, Lolotte...) Pas davantage d'hyperboles ou de métaphores outrées à base d'astres, de pierre précieuse, etc.

Certes, des amants célèbres en ont usé et Juliette Drouet, pour ne citer qu'elle, écrivait à Victor Hugo *Mon Toto, mon cher Toto, pauvre cher bijou, mon adoré, mon âme, ma vie...*, etc. Mais il faut gager que l'y autorisaient de petits noms pas plus malins dont l'affublait le cher grand homme dans l'intimité. Napoléon, dans des lettres pourtant passionnées, n'appelait Joséphine que *Mon Amie* ou *ma bonne Amie, belle Amie, douce Amie,* ou plus rarement *mon adorable Joséphine.*

On trouve *Mon petit ange, pauvre ange, mon enfant, mon enfant chéri* sous la plume de George Sand, mais elle avait six ans de plus que Musset. Madame de Staël se bornait à ponctuer ses lettres à Adolphe de Ribbing de quelques rares *Mon Adolphe, mon cher Adolphe, mon adorable Adolphe...*

Mademoiselle de Lespinasse, qui vouait à Guibert une passion quasi hystérique et lui écrivait des lettres enflammées, ne l'appelait pas du tout.

C'est là un parti comme un autre : une apostrophe convenue comme *Mon cher Robert* ou *Chère Jacqueline* est peu propice à favoriser par la suite l'épanchement des mots qui vous brûlent le cœur. Tant que le hasard, une plaisanterie, un souvenir heureux n'a pas fait éclore une dénomination qui n'appartienne qu'à vous deux, autant éviter les clichés, à moins d'y foncer tête baissée ; alors ne pas reculer devant *Mon amour, mon (ma) chéri(e)*. C'est classique. Cela ne fait ricaner que les gens qui ne sont pas concernés et cela touche toujours celui ou celle à qui l'on s'adresse.

L'amour suscite des mouvements bien tumultueux. Ce n'est pas une raison pour ne pas sérier un peu les problèmes.

Vous souffrez de son absence

Vous êtes malheureux loin d'elle (ou de lui). Vous ne vivez que dans l'attente de ses lettres que vous lisez et relisez cent fois, et ne trouvez du plaisir qu'à lui écrire.

Dites-le lui.

Julie de Lespinasse que le fringant Guibert négligeait quelque peu pour de plus aimables conquêtes ou pour la gloire littéraire, passait son temps à se plaindre des tourments de l'absence et de la rareté des messages.

Mon Dieu ! Que ce qui me fait plaisir est rare et vient lentement ! Il me semble qu'il y a un temps infini depuis le 24 et je sais combien il faudra attendre encore une lettre de Dresde. Mais au moins, me promettez-vous, êtes-vous dans la disposition de m'écrire autant que vous le pourrez ? N'aurai-je contre mon plaisir, contre mon intérêt que ce qui ne dépendra pas de vous, c'est-à-dire l'éloignement et la lenteur des courriers ?

Napoléon, occupé comme il l'était par les affaires de la guerre, ne vivait que dans l'attente des lettres de Joséphine

Mon unique Joséphine, loin de toi, il n'est point de gaieté, loin de toi le monde est un désert où je reste isolé et sans éprouver la douceur de m'épancher. Tu m'as ôté plus que mon âme, tu es l'unique pensée de ma vie. Si je suis ennuyé des affaires (...) si je suis prêt à maudire la vie, je mets la main sur mon cœur. Ton portrait y bat, je le regarde et l'amour est pour moi le bonheur absolu et tout est riant hormis le temps que je me vois absent de mon amante.

L'objet qui occupe toute votre pensée vous em-pêche de rien faire d'autre : dites-le lui.

Julie de Lespinasse :

J'ai quatre lettres à répondre (sic). J'ai essayé d'écrire, cela m'est impossible. Je suis occupée de vous, je ne sais pas si je vous aime mais je sens et je sens trop que vous me troublez ! que vous agitez mon âme et d'une manière pénible et douloureuse lorsque je ne vous vois pas ou que je ne suis pas soutenue par le plaisir et l'activité de vous

attendre. Je vous ai dit, j'ai voulu vous dire le charme qu'avait pour moi votre présence ; mais mon ami, que les expressions sont faibles pour rendre ce que l'on sent fortement.

Mais de grâce ! Pas de récriminations ! Pas de gémissements ni de jérémiades ! D'aucuns écrivent avec moins de facilité que d'autres ou n'éprouvent pas le même besoin de s'épancher dans des lettres. Comprenez-les. Si la correspondance devient une contrainte, elle finit par gâter les sentiments qu'elle est censée exprimer.

Madame de Staël (chapitrant Louis de Narbonne) :

Je prends la plume pour vous conjurer de m'écrire pour m'expliquer votre inconcevable silence... Je suis au désespoir, seule ici, sans pouvoir parler à personne. Je reste toute la nuit et tout le jour à pleurer. Si je n'ai pas de vos nouvelles, j'en finirai. Vous êtes le plus cruel, leplus ingrat, le plus horrible des hommes...

Julie de Lespinasse admonestant Guibert :

Mais mon Dieu ! Etes-vous mort ou auriez-vous déjà oublié que votre souvenir est vif et douloureux dans l'âme de ceux que vous avez quittés ? Pas un mot de vous depuis le 24 mai ! Il est bien difficile de croire que ce n'est pas un peu de votre faute...

Napoléon morigénant Joséphine :

Mon amie, je t'en conjure, pense souvent à moi, et écris-moi tous les jours. Tu es malade, ou tu ne m'aimes pas ! Crois-tu donc que mon cœur soit de marbre ? Et mes peines t'intéressent-elles si peu ? Tu me connaîtrais bien mal ! Je ne le puis croire !

George Sand gourmandant son Alfred :

Tu es méchant mon petit ange. Tu es arrivé le 12 et tu ne m'as écrit que le 19. J'étais dans une inquiétude mortelle.

Cette dernière formulation est déjà plus acceptable : le silence dont souffre la pauvre George n'est pas ressenti comme une insulte. Elle ne s'en plaint que parce qu'il lui a causé de *l'inquiétude*. Cette sollicitude ne peut qu'être flatteuse, encore que le décompte des jours que Musset a perdus pour la rassurer puisse avoir quelque chose de gênant : quand on aime, on ne compte pas. En tout cas, pas avec autant de précision.

Si on ne vous écrit pas autant que vous le souhaiteriez, plutôt que de vitupérer pour les lettres que vous avez attendues en vain, dîtes plutôt tout le bonheur que vous a causé celle qui est arrivée enfin : faites comme Juliette Drouet :

> J'étais rentrée bien triste et avec bien de l'amertume dans le cœur mais la vue de ta lettre, de ta ravissante lettre a tout effacé, tout adouci...

Ne voilà-t-il pas une gentille façon d'exprimer le besoin qu'on a de l'autre et de ses nouvelles ?

Si au contraire, c'est à vous que l'on reproche de ne pas écrire, vous pouvez toujours prétendre que vous avez jeté à la corbeille à papier vingt feuillets que vous jugiez indignes d'être envoyés. Napoléon qui, lui, était un homme d'ordre et qui (en plus), devait dans cette occasion être sincère, prétendait conserver les preuves :

> ...Eh bien ! Ce jour-là, je te montrerai mes poches pleines des lettres que je ne t'ai pas envoyées parce qu'elles étaient trop bêtes.

Parlez-lui de lui... ou d'elle

Ne parlez pas trop de vous. Intéressez-vous à lui (elle) : tout le monde aime qu'on s'occupe de soi et la sollicitude dont on est l'objet touche toujours. Inquiétez-vous de sa santé, de la façon dont lui (ou elle) vit loin de vous, des ennuis qu'il (ou elle) peut avoir et que vous aimeriez partager... Cela s'appelle la sympathie (au sens fort) et l'intérêt que vous prendrez aux choses, petites ou grandes, de sa vie donnera toute la mesure de votre amour.

Julie de Lespinasse :

Mon ami, vos maux sont les miens ; et il m'est affreux de ne pouvoir vous soulager. Si j'étais avec vous il me semble que je m'emparerais si bien de toutes vos craintes, de tout ce qui vous fait trembler, qu'il ne vous resterait que ce qu'il me serait impossible de vous ôter. Ah ! partager ne serait pas assez. Je souffrirais par vous, pour vous, et avec cette tendresse et cette passion, il n'y a point de douleur qui ne soit adoucie, et point d'alarme qui ne soit calmée...

Il ne s'agit pas là de grands sentiments creux : Julie songe aussi aux détails et bien que se gavant elle-même d'opium, elle attire l'attention de son amant sur les méfaits possibles d'une médecine pourtant bien moins dangereuse...

Mon ami, ne prenez pas trop de quinquina, il fait mal à la poitrine et quand il guérit trop vite la fièvre, on a presque toujours des obstructions ; enfin, songez qu'il ne vous est pas libre de négliger votre santé : mon repos, ma vie en dépendent.

Je t'aime !

Mais après tout qu'a-t-on surtout envie de dire dans une lettre d'amour ? *Je t'aime* tout bêtement. Voilà un mot simple qu'on ne se lasse ni de répéter ni d'entendre et plutôt que de n'en user que pour clore sa lettre, autant en émailler toute celle-ci, si l'on en a envie, et faire sur ce thème toutes les variations que l'on veut.

Juliette Drouet ne lésinait pas et le bonheur ingénu de ce cri illumine toutes ses lettres.

> Bonjour, mon bien-aimé, bonjour mon Victor chéri. J'ai pensé à toi toute la nuit et je t'ai aimé de toutes les forces de mon âme (...). Je me suis endormie avec beaucoup d'amour et je me suis réveillée avec plus d'amour encore et quand je te verrai, je serai la plus heureuse et la plus amante des femmes.

> Bonjour mon Victor, bonsoir mon cher bien-aimé. Je voudrais trouver des paroles aussi douces et aussi persuasives que mon amour est tendre et sincère.

Ou encore :

> Je t'aime, je t'aime, je suis en adoration devant toi. Tu es ma joie, ma vie, mon souffle, mon bonheur.

On le voit, il n'y a pas là une très grande richesse de vocabulaire, mais quelle fraicheur, quel élan... Toto était ravi.

Et le quotidien ?

Quel sort, dans de telles lettres, accorder aux choses de la vie ?

Il est des nouvelles importantes que vous ne pouvez pas taire, mais une lettre d'amour ne doit être encombrée ni de commentaires sur des sujets généraux, que l'autre aura pu trouver aussi bien que vous dans les journaux, ni de petits tracas quotidiens que

vous n'auriez même pas dû remarquer tant ils sont
dérisoires au regard de la grande passion qui vous
anime. Donc, pas de considérations sur la télévision
(à moins qu'il s'agisse d'une émission que, pour une
raison particulière, vous auriez tant aimé regarder
ensemble), pas de récits détaillés de la fête chez les C.
sauf à dire que le plaisir que vous en escomptiez a été
gâté par l'absence de l'aimé(e). Pas de jérémiades
sur le coût de la vie et le faux-filet qui a encore aug-
menté... L'amour, c'est bien connu, n'appelle pas
d'autre nourriture que l'eau fraîche et ces choses-là
ne devraient pas vous préoccuper.

Aussi la place qu'on leur accorde doit-elle être ré-
duite au minimum dans une lettre dont le propos est
tout autre. Qu'on songe, encore, à Bonaparte qui
écrit de Pistoia à Joséphine une longue lettre pour

108

lui dire son tourment d'être loin d'elle, sa certitude de ne cesser jamais de l'aimer, quoi qu'elle fasse, son espoir de la revoir bientôt, et qui, bien qu'œuvrant en Italie pour la plus grande gloire de la République ne s'accorde qu'une ligne, l'avant dernière, pour narrer ses exploits :

> Nous avons fait la paix avec Rome qui nous donne de l'argent.

Et il termine :

> Nous serons demain à Livourne et, le plus tôt que je pourrai, dans tes bras, à tes pieds, sur ton sein.

La mention de ce succès de Rome n'a qu'un intérêt : faire savoir à l'aimée qu'il rapproche le jour des retrouvailles.

La rupture

Rompre avec celui ou celle avec qui l'on a passé des années de sa vie est toujours une aventure difficile, pénible et tellement différente suivant la personnalité de chacun et la nature des liens tissés au fil du temps qu'aucun guide ne saurait donner des conseils sur la façon de procéder.

D'abord trop d'intérêts entrent souvent en jeu et un bon avocat qui connaît le dossier est seul habilité à indiquer la meilleure marche à suivre. Ensuite la vie en commun fait que la décision s'exprime de vive voix et souvent de voix très vive plutôt que dans une lettre.

Dans le cas d'une liaison plus brève, disons d'une aventure un peu suivie, une rupture engage beaucoup moins et une lettre bien réfléchie est de beaucoup préférable à une scène coléreuse : les paroles dépassent la pensée, on en a honte, et bien souvent l'adversaire en profite pour reprendre l'avantage et vous faire, par pitié ou par pudeur, différer une décision à laquelle pourtant, vous étiez déterminé(e).

Il y a, bien évidemment, autant de lettres possibles que de situations, mais on peut envisager trois cas de figure :

— Votre liaison s'est affadie et n'a plus d'attrait ni pour l'un ni pour l'autre.

— Vous désirez pour des raisons personnelles rompre avec un partenaire qui, lui, ne le souhaite pas.

— Vous désirez rompre par déception pour des raisons qui tiennent à l'attitude de votre partenaire.

Rien n'est plus simple que rompre si l'amour des deux partenaires s'est affaibli au point que la relation a perdu tout intérêt.

Dans ce cas, chacun des deux secrètement souhaite reprendre sa liberté et il est souvent retenu par la crainte que l'autre, hypocritement, lui reproche une initiative qui va cependant dans le sens de ses vœux. Ce n'est pas la peine de laisser pourrir une situation qui n'arrange personne : prenez votre plume si l'autre n'a pas encore eu le courage de le faire. Tôt ou tard on vous saura gré de vous être chargé(e) de la corvée.

1. Evoquez la dégradation des rapports en déplorant, que les choses aient tourné ainsi.

Il faut bien en convenir, nous ne nous voyons plus avec le même plaisir. Hier à la campagne, je t'ai senti(e) si lointain(e) et moi-même, je n'ai pas retrouvé la joie de nos premières rencontres. Je suis rentré(e) tout(e) triste à la maison et j'y ai pensé une bonne partie de la nuit.

2. Trouvez une explication qui vous mette tous les deux dans le même sac :

Sans doute avons-nous agi avec trop de précipitation en cédant tête baissée à cet élan qui nous a poussés l'un vers l'autre. Mais réfléchit-on bien dans ces moments-là ?...

3. Ne manquez pas de dire que ces moments-là étaient des *moments merveilleux* et que vous ne les oublierez jamais.

Nous étions faits pour nous rencontrer, sans doute pas pour passer la vie ensemble, mais nous avons eu des moments merveilleux. Non seulement je ne regrette pas de t'avoir rencontré(e) mais encore ces quelques mois qui nous ont réunis compteront parmi mes souvenirs les plus chers.

4. Justement, pas question de gâter de si beaux souvenirs par une fin de liaison dont la tiédeur serait indigne de la passion qui vous a habités.

Mieux vaut, ne crois-tu pas, garder ces souvenirs intacts, et nous séparer avant que l'habitude, la routine, le quotidien aient tout abîmé.

Là, versez une larme sur la rigueur implacable du destin qui vous sépare après vous avoir réunis :

> Je sais combien ce sera dur pour chacun d'entre nous mais je pense que tu es bien de mon avis : c'est mieux ainsi. Plus tard, nous nous retrouverons avec plaisir et peut-être même arriverons-nous à être simplement de très bons amis... c'est ce que je souhaiterais vraiment si nous en sommes capables...

Reste le problème des vêtements que vous avez laissés l'un chez l'autre, des livres ou des disques que vous avez échangés, etc. N'ayez pas l'air d'être trop pressé(e) de récupérer votre bien : proposez plutôt dans le post-scriptum de restituer ce qui ne vous appartient pas : ce geste implique évidemment la réciprocité.

> P.S. J'ai toujours ton manteau (ou tes chemises, ou ton intégrale des sonates de Beethoven, ou tes bandes dessinées...). Dis-moi quand tu veux passer les prendre ou si tu veux que je te les apporte.

Les choses se compliquent si vous êtes le seul à désirer retrouver la liberté.

Cela arrive souvent soit parce qu'on s'est lassé d'une liaison, soit parce qu'on a trouvé mieux ailleurs. Dans les deux cas, celui qui reprend sa foi — comme on disait jadis — fait figure de traître. Il s'expose aux reproches, aux imprécations, à des scènes pénibles où, de toute façon, il n'aura pas le beau rôle. Le problème est justement d'éviter tout cela. Et

il ne s'agit pas de cynisme pur, la charité va dans le même sens : plus vous dédramatiserez, moins vous aurez d'empoisonnements, c'est vrai, moins aussi l'autre souffrira.

1. Les torts sont de votre côté. Ne cherchez pas à en trouver à l'autre. Un renversement des rôles peut donner les meilleurs résultats si l'on est d'une habileté diabolique mais si l'affaire est médiocrement menée vous ne ferez qu'aggraver votre cas et vous exposer à des reproches supplémentaires. Mieux vaut donc s'accuser de toute la responsabilité. Après quelques précautions oratoires du genre :

> Je sais que je vais te faire de la peine...

Trouvez quelques phrases comme :

> Je vois bien que je ne te rends pas heureux(se)
>
> Je n'aurais pas dû t'entraîner dans une aventure comme celle-là où nous nous sommes embarqués.

2. Ajoutez que votre incapacité à donner du bonheur à celui (ou celle) qui pourrait y prétendre, vous désespère et que vous ne pouvez continuer comme ça.

Ne dites surtout pas : *Tu mérites mieux que moi,* on vous répondrait qu'on se contente très bien de ce que vous êtes capable d'offrir et tout serait à recommencer.

3. Ne donnez pas brutalement congé ! Dites plutôt :

> Je crois que pendant quelques temps il vaut mieux que nous cessions de nous voir...

Surtout ne fixez pas de délais précis (pendant quinze jours, trois semaines) l'autre garderait les yeux fixés sur la ligne bleue de ces retrouvailles, et, à supposer qu'il respecte le silence pendant la période imposée, il (elle) se pendrait au téléphone le jour même où expirerait celle-ci.

Demandez comme une grâce qu'on respecte votre désir comme si c'était vous qui souffriez le plus d'une séparation que vous imposez par raison et par délicatesse de sentiment.

4. Laissez cependant un espoir (le plus faible possible) avec une expression dans le genre : *Plus tard quand nous y verrons plus clair...*

5. Surtout, si vous avez décidé de rompre parce que vous avez trouvé mieux ailleurs, gardez-vous bien de donner la vraie raison de votre défection. D'abord il est inutile d'humilier l'autre en le ravalant à un rôle de partenaire de transition (comme on

dit pour les papes). Ensuite, point n'est besoin d'exciter une jalousie qui ne peut être pour vous qu'une source de tracas. Plus, si l'autre est plus ou moins au courant et vous a jeté à la face le nom de son (ou de sa) rival(e), niez. Ce sera mieux pour tout le monde.

Troisième cas de figure : des griefs sérieux.

Vous voulez rompre parce que vous avez à l'égard de l'autre des griefs assez solides pour que vous n'ayez ni raison de le ménager, ni intérêt à le faire. Dans ce cas, autant ne pas lésiner sur les termes et même avoir recours à une certaine violence.

1. Commencez par une phrase comme :

Cela ne peut plus durer,

et expliquez pourquoi en énumérant les reproches que vous avez à l'adresse de votre ami(e) :

Je ne peux plus supporter ta jalousie...
Je ne t'ai pas vu depuis quinze jours parce que tu préfère sortir avec tes copains.
J'en ai assez de tous ces rendez-vous que tu me fixes pour te décommander une heure avant quand ce n'est pas pour me poser un lapin...
Puisque apparemment tu préfères sortir avec X ou la petite Machin, garde-le (la) toi donc...

Ne précisez pas *le grand dadais X ou la petite Machin qui est pleine de boutons*, ce serait mesquin, inutile, et même nuisible : en discernant de la jalousie dans votre ton, l'autre pourrait concevoir l'espoir que rien n'est définitivement perdu.

2. Précisez bien que votre décision ne vous a pas été dictée sous le coup de la colère mais que vous y avez mûrement réfléchi.

3. Dites que vous vous faites de l'amour une conception plus haute et qu'en aucun cas ne saurait vous convenir un individu comme celui auquel vous écrivez.

4. Soyez ferme sur le verdict : inutile qu'il ou qu'elle écrive (au cas où l'envie l'en prendrait), ou téléphone : c'est fini et bien fini.

A supposer qu'on passe outre votre interdiction en vous relançant et que, dans l'intervalle, vous ayez changé d'avis, alors suivez votre instinct. Mais ne revenez en aucun cas à la situation précédente : fixez les conditions d'un nouveau départ, à petits pas, et toujours par lettre. C'est le meilleur moyen de garder la tête (à peu près) froide.

De toute manière, quel que soit le cas — et il en existe bien d'autres —, on peut toujours voler quelques éléments à George Sand se débarrassant de Musset : elle prévient les reproches en hurlant qu'elle souffre autant que l'autre *(j'en saigne encore)* cela lui permet de désamorcer un éventuel retour à la charge *(mon amour n'est plus que pitié)*. D'ailleurs, l'a-t-elle jamais aimé vraiment, elle la femme faite, ce gamin de 25 ans ? *(Je t'ai aimé comme mon fils)*. Elle parachève le tout en faisant porter les torts à Alfred *(Mes larmes t'irritent : c'est toi qui ne me supportes plus)* et en glissant que, de son côté, il n'est pas question de continuer à subir *une folle jalousie...* Bref, il est temps d'être sage : *Il faut en guérir...*

Non, c'est assez ! Pauvre malheureux, je t'ai
aimé comme mon fils. C'est un amour de mère.
J'en saigne encore. Je te plains et je te pardonne
tout mais il faut nous quitter. J'y deviendrais
méchante (...) Mon orgueil est brisé à présent et
mon amour n'est plus que de la pitié. Je te le dis, il
faut en guérir (...) Mon Dieu à quelle vie vais-je te
laisser (...) Mais puisque je ne peux plus rien pour
t'en prévenir faut-il prolonger cette honte pour
moi et ce supplice pour toi-même ? Mes larmes
t'irritent. Ta folle jalousie au milieu de tout cela !
Plus tu perds le droit d'être jaloux, plus tu le
deviens !

Que répondre à ce petit chef-d'œuvre chaotique
dont le désordre même est une rouerie. Ce n'est pas
parce qu'on est sincère qu'il ne faut pas chercher à
être efficace.

La correspondance
téléphonique

Ce petit livre est essentiellement consacré à la correspondance écrite, mais il est impossible, en cette fin de XXe siècle, de ne pas tenir compte de la correspondance téléphonique.

Bien sûr, il s'agit d'un mode de relation relativement récent dont les règles sont loin d'être fixées. Cependant, le bon sens et la simple courtoisie permettent de considérer comme souhaitables, un certain nombre d'attitudes qui facilitent les rapports téléphoniques et les rendent plus agréables.

QUELQUES PRINCIPES

Ne téléphonez pas n'importe quand

Tout d'abord, pensez toujours qu'en téléphonant, vous risquez de déranger votre correspondant. Dans la mesure du possible, évitez les appels à des heures inopportunes en gardant toujours bien présent à l'esprit les occupations qui peuvent être celles de votre interlocuteur au moment où vous souhaiteriez le joindre.

Pas d'appel trop tôt le matin au domicile d'un lève-tard, ni trop tard le soir à celui d'une famille habituée à se coucher de bonne heure surtout si elle comporte des jeunes enfants ou des personnes âgées. Évitez autant que possible les heures des repas. Pensez aussi à ne pas déranger vos correspondants pendant leurs émissions de télévision préférées...

D'une manière générale, ne téléphonez pas aux heures auxquelles vous n'oseriez pas rendre visite aux gens.

Un usage qui tend à se répandre consiste, pour l'appelé, aussitôt qu'il a décroché le combiné, à dire *allo* puis à décliner son identité : *Jacques Durand* ou *Jacques Durand, Je vous écoute* pour indiquer à l'appelant qu'il a bien composé le numéro qu'il souhaitait. (Dans le cas contraire, il va sans dire qu'il convient à celui qui a commis une erreur de ne pas ménager ses excuses).

Ainsi l'appelant sait-il d'emblée à qui il a affaire (homme ou femme, ami ou inconnu) ; il est tout de suite en mesure de commencer sa conversation par une formule de politesse *Bonjour Monsieur* — ou *Madame* ou *Jacques*. Aussitôt après, il se présentera lui-même. *Je suis Jean Dupont,* ou *c'est Jean,* (éviter avec les intimes la formule autant dénuée de sens qu'immodeste : *C'est moi.* C'est là non seulement une lapalissade mais encore cela laisse supposer que vous êtes persuadé de tenir la première place dans la vie de votre correspondant). On évitera de même l'expression *Jean Dupont à l'appareil.* Qui douterait que vous ne soyez à l'appareil ?

N'hésitez pas, si l'heure ou le faible degré d'intimité l'exige, à présenter des excuses pour le dérangement que vous causerez, et si vous connaissez la personne qui a décroché, ayez pour elle une petite phrase qui lui montrera que vous ne la ravalez pas au rang d'une simple standardiste. Demandez ensuite la personne avec laquelle vous désirez parles : *J'aimerais parler avec M. Sorel, avec Vincent...* ou, si vous avez eu directement en ligne celui ou celle que vous souhaitiez, exposez le motif de votre appel ; le plus clairement possible et le plus brièvement.

En raccrochant, appelez votre interlocuteur *Monsieur, Madame* ou *Jacques,* exactement comme vous le feriez à la fin d'une lettre, en reprenant les termes dont vous avez usé au début. Pour peu que vous la connaissiez, vous n'oublierez pas non plus d'ajouter un mot aimable à l'attention de la personne qui vous a passé la communication (parent proche ou ami), si vous n'avez trouvé le moyen de le faire au moment où vous lui parliez.

Si vous avez affaire à une secrétaire qui vous réclame le sujet de la conversation que vous souhaitez avoir et que vous ne désirez pas en faire part à un étranger, vous préférez à un sec *C'est personnel* une formule du genre *Je crains que ce ne soit un petit problème que seul M. Durant puisse résoudre avec moi* ou *C'est vraiment avec M. Durand que je voudrais parler. Voulez-vous simplement lui faire part de mon appel?...* et remerciez pour l'entremise que vous réclamez.

Songez-y si vous êtes l'appelé : ne tenez pas d'interminables discours dont chaque seconde peut coûter une petite fortune à votre correspondant.

On évitera les pertes de temps en ayant toujours à portée de la main, près de son appareil téléphonique, le papier et le crayon pour noter tel ou tel renseignement que l'on peut vous communiquer. Rien n'est plus désagréable que d'être obligé de patienter pendant que l'interlocuteur passe dans une pièce voisine à la recherche d'un stylo introuvable ou d'un document qu'il aurait pu préparer avant de composer son appel. Mais si l'on est néanmoins obligé d'interrompre un moment le dialogue, on aura toujours une formule du genre *Puis-je vous demander de m'accorder quelques secondes,* ou *Veuillez ne pas quitter, je vous demande juste un petit moment,* etc.

Si le coût d'une communication téléphonique à longue distance vous semble difficilement supportable par l'appelant (adolescent, personne âgée, personnes aux revenus modestes), vous pouvez proposer d'interrompre la communication et de rappeler vous-même. Naturellement, il faudra agir avec la plus grande délicatesse. Chargez-vous de toute la responsabilité d'une conversation qui risque d'être longue. *Je voudrais aussi vous raconter telle ou telle chose. Mais je suis un incorrigible bavard... Je vais vous ruiner comme d'habitude... raccrochons, je vous rappelle...*

Enfin, on se souviendra que, dans le cas où une communication est accidentellement interrompue, l'usage veut que ce soit celui qui a appelé la première fois qui rappelle. Ainsi évite-t-on que chacun des deux correspondants ne se heurte de longs moment à la sonnerie « pas libre » — et pour cause — de l'autre, occupé à se livrer à la même opération...

LE RÉPONDEUR AUTOMATIQUE

Là encore, pensez à vos correspondants, ne chargez pas votre répondeur automatique d'un long message inutile : ayez pitié de ceux qui vous appellent de province ou de l'étranger. Evitez à tout prix la petite musique ou les paroles oiseuses qui impatienteront votre interlocuteur, surtout lorsqu'il devra les subir pour la nième fois. Bornez-vous à une phrase classique du type : *Bonjour. Vous êtes en communication avec le répondeur de Jean Dupont. Veuillez, dès le signal sonore, laisser votre nom, le numéro de téléphone où je peux vous joindre et si vous le désirez, le motif de votre appel. Je vous rappelerai dès mon retour. Merci et à bientôt.*

De la même façon, on ne fera pas à un répondeur d'interminables confidences : rien n'est plus désagréable, quand on rentre fourbu de son travail, d'avoir à subir pendant une heure l'écoute des messages accumulés au cours de la journée.

Enfin, même si l'on est désemparé de se trouver en relation avec une machine, quand on espérait une personne, on devra vaincre sa surprise et sa timidité et indiquer au moins son nom au répondeur : raccrocher au nez — si l'on peut dire — d'un répondeur, c'est raccrocher en différé à celui de son propriétaire ; l'impolitesse est la même.

LES SERVICES-CONFORT

Le téléphone offre aujourd'hui un certain nombre de commodités appelées services-confort.

La réunion-téléphone

Plusieurs correspondants éloignés géographiquement peuvent prendre part à une même conversation. Les hommes d'affaires sont les meilleurs clients de ce service, mais rien ne vous empêche d'y avoir recours pour organiser des petites réunions familiales à l'occasion d'une fête, par exemple, ou tenir un conseil si vous avez à prendre une décision qui intéresse plusieurs personnes de votre famille.

Composez le 05.300.300, informez le centre de réservation, les jours ouvrables de 9 h à 17 h, au minimum 2 h à l'avance, de la date, de l'heure choisie et de la durée prévue pour votre réunion (par tranche de 1/2 h). Indiquez également le nombre de participants sans oublier l'animateur. Précisez le numéro de votre compte téléphonique pour la facturation.

Un numéro confidentiel vous sera attribué immédiatement. C'est en appelant ce numéro que chacun des participants entrera en réunion.

Une redevance de réservation est perçue (de 30 F TTC le lundi, 15 F TTC les autres jours de la semaine) par demi-heure et par personne. Le coût des communications est imputable soit à l'organisateur soit à chacun des participants (0,73 F TTC toutes les 24 heures). Les tarifs réduits s'appliquent comme pour les communications téléphoniques ordinaires.

Le transfert d'appel

Pour un prix d'abonnement modique, il vous permet de faire suivre toutes vos communications dans certaines limites géographiques. L'abonné appelant paie le prix normal de sa communication. L'abonné appelé paiera en supplément le prix de la communication depuis son numéro.

Le signal d'appel

Il vous permet d'être prévenu, alors que vous êtes déjà en communication, qu'un second correspondant essaie de vous joindre. Vous pourrez alors mettre en attente votre premier interlocuteur et converser avec le second.

COMMENT TÉLÉPHONER MOINS CHER ?

En choisissant les heures auxquelles on appelle on peut réaliser des économies de 30 % (tarif blanc), 50 % tarif bleu, 65 % (tarif bleu-nuit) par rapport au tarif rouge (plein tarif).

Pour la France métropolitaine, la Réunion et Mayotte, les 30 % s'appliquent de 12 h 30 à 13 h 30 et de 18 h à 21 h 30, les 50 % de 21 h 30 à 22 h 30 et de 6 h à 8 h, les 65 % de 22 h 30 à 6 h.

Ce qui, dans les meilleurs cas, abaisse le coût de la minute de conversation dans sa circonscription tarifaire de 13 centimes à 4 centimes, à longue distance en France métropolitaine de 3,37 F à 1,22 F et pour les département d'outre-mer de 10,43 F à 3,65 F.

Les communications avec l'étranger bénéficient d'un tarif réduit dont les horaires varient selon la situation géographique.

Pour les pays de la CEE, le plein tarif s'applique de 8 h à 21 h 30 du lundi au vendredi et de 8 h à 14 h le samedi. Téléphonez donc en dehors de ces heures-là : la minute vous coûtera 3,04 F au lieu de 4,50 F.

Pour les autres pays d'Europe (Europe de l'Est, RDA, URSS, Turquie, Finlande, Norvège, Suède), les horaires sont les mêmes, 4,38 F au lieu de 6,57 F.

Pour le Maroc, l'Algérie et la Tunisie, plein tarif applicable du lundi au samedi de 8 h à 23 h, tarif réduit : 5,47 F au lieu de 8,27 F.

Pour les Etats-Unis et le Canada, le tarif s'applique du lundi au samedi de 14 h à 20 h (9,36 F la minute). En dehors de ces heures la minute passe à 7,17 F et même à 5,71 F si vous choisissez de téléphoner entre 2 h et midi… tranche pratique pour vous, pas nécessairement pour vos correspondants : songez au décalage horaire. Si vous téléphonez aux USA à 8 h du matin, avant d'aller à votre bureau, vous atteindrez votre ami de Los Angeles à 23 h, peut-être avant qu'il ne soit couché, mais vous réveillerez très certainement votre correspondant de New York à 2 h du matin.

SOMMAIRE

Achevé d'imprimer en mai 1989
sur les presses de l'Imprimerie Bussière
à Saint-Amand (Cher)

N° d'impression : 8317.
Dépôt légal : juin 1989